RÉSOLUTIONS CHRÉTIENNES

PAR

LE R. P. CÉLESTIN DE LABROQUE

CAPUCIN

PRÉCÉDÉES D'UNE NOTICE BIOGRAPHIQUE

par l'Abbé A. RETZ

Curé-doyen d'Héricourt

AVEC UNE LETTRE DE

M. l'abbé Augustin LEMANN

Professeur aux facultés catholiques de Lyon

PARIS

TÉQUI, LIBRAIRE-ÉDITEUR

85, RUE DE RENNES, 85

1891.

Inondé 27/04/2004

RÉSOLUTIONS CHRÉTIENNES

LETTRE

DE M. L'ABBÉ AUGUSTIN LEMANN

A M. L'ABBÉ A. RETZ

curé d'Héricourt

Lyon, le 17 mars, 1890.

Cher monsieur le curé,

La notice biographique sur le Révérend Père Célestin de Labroque, dont vous avez bien voulu me ménager la lecture, avant de la livrer à l'impression m'a extrêmement édifié. En écrivant ces lignes sur celui qui fut votre parent et un religieux modèle dans l'ordre de Saint François d'Assise, vous n'aurez pas seulement satisfait à un devoir de piété, vous aurez encore montré l'utilité d'un bon prêtre, même au point de vue social.

A une heure où les passions déchaînées se coalisent pour rejeter loin de la société, toute influence religieuse, il est bon de montrer par des exemples vivants et pris sous nos yeux ce que savent opérer le dévouement sacerdotal et l'abnégation religieuse. Dans sa sphère modeste et éloignée des regards, le R. P. Célestin, a été, durant de longues années, le soutien, le guide, le protecteur, le père, de toute une génération de sourds-muets et de sourdes-muettes. Continuateur de la mission providentielle de l'Abbé de l'Epée à leur égard, il a dépensé son temps, sa vie, ses forces à leur service. *Dire du bien de Dieu,* à ces pauvres âmes et *leur faire du bien pour l'amour de Dieu,* voilà, en deux mots, le résumé de sa vie, et en raccourci, le portrait que votre plume a si bien tracé.

Dieu a daigné couronner cette vie d'abnégation et de bons services. Je n'en saurais douter. Voici un détail que je suis seul à connaître.

Je me trouvais seul dans la cellule du P. Célestin, après que les derniers sacrements lui eurent été administrés, en vue de la terrible opération presque toujours mortelle, à laquelle il allait être soumis. Je fus alors témoin de l'air extatique qui se répandit sur son visage, et auditeur de l'effusion d'humilité et d'amour qui, à haute voix s'échappa de son cœur, à l'égard de celui qui allait être son juge, au seuil de l'éternité.

Jamais je n'oublierai tout ce qu'il y avait de contrition, de supplications, mais aussi de confiance et d'abandon filial dans cette suprême et dernière prière. Le bon religieux étendait ses mains, ses bras, vers celui qu'il appelait avec onction *Jésus,* son *bon Maître,* vers celle qu'il nommait avec délices, *Marie,* sa *bonne Mère.* Ce jour là j'ai appris à bien mourir.

Que Dieu daigne me faire cette grâce, cher monsieur le Curé. Veuillez la lui demander par l'intercession de votre cher oncle.

Après avoir connu, estimé et aimé, durant plus de vingt-cinq ans, le R. P. Célestin sur la terre, ce me sera une des joies les plus douces du Paradis que de le retrouver dans le sein de Dieu.

Recevez, cher monsieur le Curé, avec l'expression affectueuse de ma particulière estime, l'assurance de mon humble mais bien sincère dévouement.

Augustin Lémann,
professeur aux facultés catholiques
de Lyon.

Sur le témoignage favorable de deux religieux chargés par nous d'examiner le livre intitulé : *Résolutions chrétiennes*, composé par le Révérend Père Célestin de Labroque, nous en approuvons volontiers l'impression.

Marseille, 12 février 1888.

F. Constant de Rians
Min. Prov.

Brest, 2 février 1888.

Notre Seigneur nous donne sa paix!

Très Révérend Père,

Nous avons lu avec soin l'Opuscule intitulé : *Résolutions chrétiennes,* par le R. P. Célestin de Labroque. Ce livre est composé de manière à justifier le titre qu'il porte; il y règne un ton de piété qui n'est pas sans charme. Nous n'y avons rien trouvé qui soit opposé à la foi ou aux mœurs et puisse en empêcher l'impression.

Nous sommes, etc.

F. Jean-Baptiste de Saint-Genis
définiteur.

F. Gabriel de Combonzon,
ex-provincial.

NOTICE BIOGRAPHIQUE

SUR LE

R. P. Célestin de Labroque.

Lorsqu'après avoir passé sous le pont de la voie ferrée, qui traverse la rue de Bourgogne, à Lyon-Vaise, vous prenez le chemin de St-Simon, vous arrivez après deux ou trois cents pas, à une ruelle étroite, encaissée entre de hautes murailles. C'est l'impasse des Jardins. Suivez-la ; au fond vous trouverez une porte en fer avec cette inscription en grosses lettres : *Asile.* C'est en effet, une de ces maisons où la religion adoucit et console les infirmités humaines. Là, vivent plus de cent pauvres filles qui n'ont pas l'usage de la parole et de l'ouïe, et qui, recueillies par la charité, trouvent non seulement ce qui est nécessaire à la vie matérielle, mais encore, chose

1

bien plus importante, les secours religieux les plus intelligents et les plus précieux. La maison est vaste, de bonne apparence, quoiqu'elle soit incomplète, avec un joli parterre, clos par une haie vive de thuyas, et un jardin très étendu qui envahit une partie de la colline.

En arrivant, vous entrez à la chapelle, simple, modeste, mais convenable. La parole humaine ne s'y fait pas entendre, et quand les murmures du prêtre, disant la messe, se sont éteints, seuls quelques sons gutturaux, inarticulés, rompent le mystérieux silence de l'oratoire.

Quelle que soit l'heure de votre visite, vous trouverez quelqu'un en prière. Ah! c'est qu'ici la piété est de tradition, et depuis des années, elle a fait de cette maison de charité une demeure où règne la foi des premiers chrétiens. Admirez le confessionnal, il est ingénieusement disposé pour permettre à la sourde-muette de profiter aussi facilement que celui qui est doué de la parole et de l'ouïe, des bienfaits du sacrement de pénitence. Le confesseur est assis en face du pénitent dont le sépare un carreau fixe. Au-dessous de ce carreau, une rainure permet de glisser la confession écrite; à travers le carreau, le confesseur peut à son gré mimer les avis néces-

saires ; il peut les écrire, s'il préfère se servir de ce
mode de communication. Un rideau entoure le saint
tribunal, et donne toute sécurité pour les gestes,
qui sans cela, pourraient être aperçus et compris.

En sortant de la chapelle, vous voyez au vesti-
bule, sur un piédestal, un buste : c'est celui du P.
Charles, fondateur de la maison. Montez au premier, c'est l'ouvroir, ou la salle de travail. La première muette qui vous aperçoit fait un signe. Aussitôt, toutes se lèvent et vous saluent. Les métiers
s'arrêtent; les aiguilles ont cessé de courir. C'est en
effet un vaste atelier, où travaillent en silence près
de quatre-vingts ouvrières. On fait des bas à la ma-
chine, on ajuste des fleurs artificielles, on coud, on
brode, on tapisse. Au tableau est écrite une pensée
pieuse, qui sert de méditation; chaque muette a sa
boîte de travail, qu'elle orne de petites images, ou
de statuettes de la sainte Vierge et de saint Joseph.
Cependant vous avez pris place, sur les instances
de la Mère Supérieure; aussitôt tous les bras se
tendent vers vous, toutes les mains gesticulent, les
figures excessivement mobiles marquent toutes les
impressions possibles. La Supérieure traduit : les
sourdes-muettes sont curieuses, elles demandent
qui vous êtes, où vous allez, pourquoi vous venez

les voir, puis satisfaites, elles veulent vous montrer
leurs talents. Ces filles de trente, quarante ou cinquante ans, sont encore des enfants. Leurs oreilles
fermées aux conversations du monde, n'en ont pas
transmis la malice à leur âme innocente. Elles vont
vous traduire en gestes, des fables de La Fontaine
avec un entrain, une élégance d'expression mimée,
dont un artiste serait fier. Vous suivez sur leur physionomie, ou dans leurs gestes, tous les vers du
poète ; et ses pensées les plus subtiles sont admirablement exprimées. Voulez-vous du calcul ? un peu
d'histoire ? du catéchisme ? on est prêt à vous répondre, et cependant, ce n'est pas une institution
d'enseignement, c'est un refuge offert à l'infirmité,
jusqu'à la mort. L'Asile est tenu par des sœurs de
Saint-Joseph de Lyon; dont le dévouement a fait ses
preuves, et qui ici, sont tout simplement adorées.
Nous en reparlerons d'ailleurs. Après avoir visité
les dortoirs, le réfectoire, la lingerie, le vaste et
beau lavoir, prenez au coin du parterre qui s'étend
le long de la maison, un petit escalier, saluez en
passant la statue du Sacré-Cœur, dans sa grotte
de ciment, descendez quelques marches, et sonnez
à une petite maison, ressemblant à un ermitage au
milieu d'un bosquet. Il n'y a pas deux ans, un vé-

nérable religieux à longue barbe blanche venait ouvrir en saluant le visiteur d'un : Loué soit Jésus-
Christ! C'était le R. P. Célestin. Ecoutez son histoire, elle est simple, uniforme, mais pleine d'enseignements et de leçons! Ah! si tous les hommes
vivaient comme cet homme, le monde serait trans-
formé.

I

NAISSANCE DU R. P. CÉLESTIN. — SES PREMIÈRES ANNÉES. — SA VOCATION.

Le R. P. Célestin est né à Labroque, près de Schirmeck, dans la partie du département des Vosges, annexée à l'Allemagne, après la guerre de 1870. J'ai fait copier son acte de baptême :

« François Augustin, fils légitime d'Augustin Sponne, à Labroque, et de Julie Marquaire, est né à dix heures et demie du soir, le deux mars mil huit cent vingt-quatre et a été baptisé le surlendemain. Il a eu pour parrain François Louis Marquaire, tanneur à Labroque, et pour marraine, Marguerite Revel, femme de Joseph Sponne, boucher à Schirmeck, qui ont signé. »

La famille Sponne est une des plus honorables de la région. Elle est alliée d'ailleurs avec les meilleures familles de Schirmeck et de Labroque. Augustin Sponne, avait cinq enfants, dont un seul garçon. Celui-ci n'avait que huit ans quand son père mourut, en 1832. Il fut donc exclusivement élevé par sa mère. On rencontre rarement une mère d'une foi aussi profonde, d'un christianisme aussi parfait. Elle garda toute sa vie cette foi chrétienne, qui lui avait fait accepter, soumise et résignée, le douloureux sacrifice de la vocation de son enfant, supporta avec une patience admirable pendant plus de deux ans, une maladie cruelle, qui la tint paralysée sur son lit, incapable de faire aucun mouvement, et mourut comme elle avait vécu, pieusement et chrétiennement.

Augustin fut envoyé à l'école communale, il avait une intelligence très vive, beaucoup de douceur et de docilité. « Il apprend bien, disait l'instituteur, à madame Sponne, il sait surtout bien son catéchisme. » A cette époque le catéchisme était encore enseigné dans les écoles et inscrit en tête des programmes. L'enfant avait d'ailleurs pour le diriger dans l'étude de la religion un saint prêtre, alors vicaire à Labroque, depuis, curé dans la même paroisse, et qui, pendant cinquante-trois ans, a donné l'exemple de toutes les vertus sacerdotales. L'abbé Prêcheur, avec un extérieur austère, et parfois une expression de rudesse sur le visage, avait un cœur ardent au bien, charitable comme celui d'un Vincent de Paul, et zélé comme celui d'un François de Sales. Sa figure amaigrie, encadrée de longs cheveux blancs, ses yeux aux sourcils bien marqués, rappelaient la physionomie du curé d'Ars dont il imitait les vertus sans le connaître.

Ce bon prêtre cherchait surtout à inculquer aux enfants des sentiments de dévotion et de piété. En les préparant à la première communion, dans la petite retraite qui précédait le grand jour, il leur faisait écrire leurs résolutions, et conservait soigneusement ces feuilles où la piété naïve des enfants s'exprimait parfois en promesses touchantes.

J'ai sous les yeux celles d'Augustin Sponne. Elles sont datées du 20 mai 1837. Les voici dans leurs simplicité candide : « Je suis résolu d'offrir mon cœur à Dieu en me levant, de ne pas manquer la messe ni les vêpres, à moins d'empêchements ; de dire tous les dimanches les litanies de la sainte Vierge pendant un an, d'aller au catéchisme quand je le pourrai et d'obéir à ma mère. »

Ainsi c'était à sa mère, après Dieu, que revenaient ses pensées et son amour.

Cet amour filial, et il le conservera avec un soin jaloux pendant toute sa vie, sa mère aura la plus large part dans ses prières comme dans ses affections, et alors que la maladie l'accablera au point de lui permettre à peine de murmurer quelques mots pieux, il jettera sur son image appendue au chevet de son lit, un regard attendri qui sera et un souvenir et une prière! Lorsque Augustin eut fait sa première communion, on le mit à Baden, afin de lui faire apprendre la langue allemande. Il y demeura peu de temps; néanmoins, il apprit suffissamment les principes et la prononciation de cette langue difficile, pour en perfectionner lui-même plus tard la connaissance. Cette connaissance lui fut surtout souvent utile dans l'exercice du ministère sacerdotal à Lyon. Bien des fois, il fut appelé dans un des nombreux hospices de la ville, au chevet d'un malheureux étranger, qui se mourait, et qui n'aurait peut-être pas pu recevoir les consolations de la religion, sans cette heureuse arrivée du bon Père!

En 1839, il fut envoyé au petit séminaire de Senaide à l'extrémité du département des Vosges. Avait-il exprimé le désir de se faire prêtre? Voyait-on dans sa piété et dans sa docilité des indices de vocation ecclésiastique? peu importe. Quoi qu'il en soit, sa mère, sur le conseil de personnes prudentes et sages, et probablement du pieux curé Prêcheur, le mit dans une maison d'éducation religieuse.

On restait cinq ans à Senaide; Augustin fit ses études latines en trois ans; de là, il vint à Châtel, où il étudia trois ans. Que de fois l'ai-je entendu raconter son départ pour Senaide, dans une bonne et solide voiture, aux cahots amortis par la paille, où l'on avait le temps d'examiner la campagne pendant dix ou quinze mortelles heures ! Et ses vacances, passées à Labroque, dans cette admirable vallée de la Brusche, aux eaux vives et claires, dans les belles forêts du Donon ou du Kohlberg ! C'étaient des promenades continuelles, des courses sans fin, à la recherche des oiseaux dont il était amateur passionné. J'ai pu me procurer auprès de vénérables prêtres (1), du diocèse de Saint-Dié, quelques détails sur les années que passa Augustin Sponne, au petit séminaire. C'était, paraît-il, un élève fort studieux, très régulier, aimé de ses supérieurs, estimé de ses condisciples. Il réussissait admirablement bien dans ses études, et aux destributions de prix, il excitait par ses nombreuses nominations des applaudissements universels. Il avait un caractère

(1) MM. Guyot, curé de Gérardmer, Martin, de Moyenmoutier.

gai, vif, enjoué, communiquant de la vie à tout ce qui l'entourait. Pieux et enthousiaste, il recherchait tout ce qui était grand et beau. Ses lectures favorites étaient alors : « Les *Fioretti* » de saint François d'Assise, et les annales de la Propagation de la foi. Son respect du réglement était extrême : sa famille lui ayant un jour envoyé quelques bouteilles de champagne, il voulut faire avec ses amis, une petite fête.

Ceux-ci lui conseillaient de l'organiser clandestinement, mais lui, strict observateur de la règle alla trouver le supérieur et obtint la permission désirée. Pendant les vacances de sa deuxième année de Châtel, il fit à pied le pèlerinage de Labroque à Trèves. En cette année 1844, on exposait à Trèves la sainte robe de Notre-Seigneur.

Augustin, déjà pieux comme un ange, voulut aller vénérer la relique insigne, comme les pèlerins des temps anciens. Il eut le bonheur de la voir et de la baiser. Dans ce contact avec le vêtement qui enveloppait notre divin Maître, il conçut pour lui un amour plus ardent, et un secret désir de se consacrer pour jamais à son service. Sa vocation fut alors absolument décidée. Un autre saint prêtre, ami de M. Prêcheur : M. Lamy, curé de Rothanu, mort chanoine de la cathédrale de Saint-Dié, devait, sur les instances de son pieux voisin, le curé de Labroque, cultiver cette âme faite pour le sacerdoce et la diriger dans sa voie. Il voyait souvent Augustin et l'encourageait à suivre ce penchant qui l'entraînait vers le sacerdoce.

Ce fut en 1845 qu'il le fit entrer au grand séminaire de Saint-Dié. Il faudrait, pour décrire la piété du jeune séminariste, son inviolable fidélité à la règle du grand séminaire et son ardeur au travail, entendre tous ceux de ses condisciples que la providence a conservés, et qui sont encore, en ce moment dans diverses situations, l'honneur du clergé vosgien. J'eus le bonheur de causer un jour, à un de ces vétérans du sacerdoce, et ce que j'appris, touchant les vertus de notre pieux jeune homme ne fit que confirmer ce que je savais déjà : modèle de piété et d'exactitude à tous ses devoirs, dans sa paroisse, il fut modèle au grand séminaire, où son court passage a laissé les meilleurs souvenirs. Un de ses condisciples affirme qu'il était, pour tous les élèves « le séminariste exemplaire », ami de la retraite et du silence. Quand les autres s'amusaient, il étudiait. Pendaut le rigoureux hiver de 1845 à 1846, on le surprit pendant une récréation,

dans une salle sans feu, plongé dans un livre. Il
avait eu au petit séminaire, pour professeurs les
deux Messieurs Fourcaulx : l'un, Charles, professeur distingué, enlevé prématurément à l'affection
de tous ses élèves ; l'autre, Auguste, mort chanoine
de Saint-Dié. Au grand séminaire, il eut pour maître
émérite : M. Sublon. Avec de tels maîtres, l'abbé
Sponne vit sa vocation grandir tous les jours. Elle
avait commencé sérieusement en rhétorique, elle
s'épanouit au grand séminaire. Il devint grave,
rêveur : un sourire continuel se traduisait sur ses
lèvres. Son maintien était recueilli ; il allait souvent
à la chapelle, pendant les récréations. Pieux comme
un ange au séminaire, il se préparait à devenir un
saint prêtre dans le monde. Le monde ne se doute
pas de ce que peut un saint prêtre dans une paroisse !
Il n'est pas étonnant que l'Eglise ait dans ses
prières liturgiques des invocations spéciales à la
Providence pour qu'elle accorde au monde, de saints
prêtres ! Un prêtre pieux et zélé ranime les âmes
attiédies, relève celles qui sont tombées, encourage
et fortifie celles qui luttent. Que de jeunes gens qui
sans la paternelle direction d'un saint prêtre,
seraient à tout jamais perdus pour l'Eglise, et qui
sont devenus eux-mêmes des prêtres zélés ! C'est

dans les presbyteres de campagne que naissent et grandissent les vocations. C'est là généralement que se recrutent les séminaires. L'enfant pieux que le prêtre a distingué du milieu de ses condisciples, prend au contact journalier de ce maître dévoué qui lui consacre son temps et ses peines, le goût des études religieuses. Il aspire à servir à son tour, Dieu et les âmes!

Il ira plus loin quelquefois, il voudra se consacrer à Dieu d'une façon plus intime encore, et dans son cœur de 16 ou de 18 ans, il se promettra de suivre les conseils du divin Maître, et de courber sous la triple promesse, son cœur, son corps et sa volonté.

Ce fut chez M. Lamy qu'Augustin apprit à connaître les beautés de la vie religieuse. Le bon prêtre aimait beaucoup l'ordre des frères mineurs de Saint-François d'Assise. Il en parlait avec une chaleur communicative qui enflammait le cœur du jeune séminariste. Celui-ci s'oubliait souvent dans ses méditations à l'église de sa paroisse, au pied de l'autel de la sainte Vierge; et perdu dans des rêves sans fin, il voyait un couvent aux cloîtres silencieux, aux cellules modestes; des religieux à la robe de bure; puis c'étaient des voyages lointains, des missions, des prédications, des œuvres d'apostolat :

tout passait sous ses yeux émerveillés, son âme
tressaillait d'aise, et le zèle s'allumait dans ce cœur,
sous le choc de la gráce. L'homme tout entier n'est-
il pas sous la main de Dieu, quand la grâce le tra-
vaille, comme l'argile sous les doigts de l'artisan,
qui la pétrit?

La vocation d'Augustin avait grandi en peu de
temps. Dans une terre fertile, la semence germe
rapidement et produit rapidement des fruits. Elle
ne pouvait cependant rester secrète, il fallait la
dévoiler et obtenir de la mère le consentement nécessaire. Difficile question à traiter que celle-là!
Augustin n'avait que des sœurs : il était donc le
soutien de la famille; nous avons dit que le père
était mort, alors que l'enfant n'avait que sept à huit
ans. Qui se chargera d'obtenir le « *fiat volontas tua* »
toujours si douloureux pour une mère? Les deux
saints prêtres sans doute : ils mettront en avant
l'appel de Dieu, auquel on ne résiste pas; la gloire
de travailler au salut des âmes pour lesquelles
Jésus-Christ a versé son sang; les mérites du sacrifice que fait une mère en donnant son fils à l'E-
glise, et cette femme, chrétienne avant tout, incli-
nera la tête en pleurant.

C'était le jour du Rosaire de l'an 1847, Augustin

avait officié comme diacre à la Messe de paroisse. Les offices terminés, il s'était agenouillé un instant devant l'autel de la sainte Vierge, et avait imploré sa protection.

En ce moment, le jour touchait à sa fin, il rentra chez lui ; sa mère était seule, il courba le genou devant elle, et dans cette posture qui traduisait sa vénération et son amour, il lui fit ses adieux. Sa mère le bénit en sanglotant, puis le relevant, elle l'étreignit avec une pieuse ferveur dans ses bras.

Il partit le lendemain, après avoir assisté à une messe dite par son vénérable curé pour ses confrères défunts. Au moment de quitter pour toujours ce cimetière entourant l'église où reposaient des amis, des parents, son père, il alla sur la tombe de ce dernier, et y murmura quelques paroles d'adieu.

Quelques jours après, il était à Lyon et écrivait à sa mère : « O ma bonne mère ! dans quelles larmes et dans quels sanglots je vous ai laissée ! mon cœur en est encore tout ému. Mettez-vous, je vous en prie, au pied de la croix, et à l'exemple de Marie, faites au bon Dieu le sacrifice de votre fils. »

II

LE R. P. CÉLESTIN A LYON

Nous ne suivrons pas le R. P. Célestin dans les différents postes que lui assignèrent ses supérieurs, car il nous tarde de le voir à Vaise au milieu des pauvres sourdes-muettes qu'il a tant aimées et auxquelles il a consacré toute sa vie. Il quitta Lyon en 1857 pour habiter Marseille, et même quelque temps Nice. Il devait en effet, demander au climat bienfaisant des bords de la Méditerranée, la guérison d'une extinction de voix qui prenait des proportions menaçantes. Dieu permit cette épreuve, sans doute, pour inspirer à ses supérieurs l'idée de l'attacher pour le reste de sa vie à l'œuvre des sourds-muets. Il revint donc à Lyon en 1858 et fut nommé collaborateur du R. P. Charles, à l'asile de Vaise.

Le P. Charles, des frères mineurs capucins avait fondé cet asile en 1855. « Lyon a gardé le plus précieux souvenir de ce saint religieux aux manières affables et distinguées. Sa mémoire est restée en bénédiction au sein de la population lyonnaise. Au moment où le bon P. Charles pensait à parachever son œuvre, l'ange de la mort lui ouvrit les portes de l'éternité (1). »

« Que deviendra cette œuvre si laborieusement commencée? Les œuvres de Dieu ne doivent pas périr. La divine Providence avait jeté les yeux sur un homme qui joignant une humilité profonde à une patience et à une énergie peu communes devait lui donner son entier développement (2). »

L'asile de Vaise, bâti sur les flancs de la montée de Balmont, se compose d'une vaste maison à deux étages, dont une aile est encore à terminer. A l'extrémité de droite, au rez-de-chaussée, se trouve la chapelle, sur le même plan, le parloir et le réfectoire des sourdes-muettes. Au premier, la salle de travail, l'infirmerie, les appartements des sœurs, les dortoirs. Derrière la maison, s'étage le jardin ou le clos, que des sourds-muets, domestiques de l'asile, cultivent. La maison vit de la charité publique et de quelques ressources produites par le

(1) *Annales franciscaines*, mai 1888.
(2) *Echo de Fourvière*, 24 mars 1888.

travail des sourdes-muettes. Une commission composée de messieurs de la ville, administre ces modiques revenus.

Lyon est toujours la ville des œuvres de charité, et sa générosité est inépuisable. De temps en temps une religieuse de l'asile va recueillir les aumônes que de chrétiennes et libérales familles donnent annuellement à l'asile de Vaise. Jamais le R. P. Célestin ne s'est préoccupé de ces ressources matérielles. Sa confiance en la Providence était sans bornes. Il priait, priait sans cesse, confiant dans la parole du Maître qui a dit : « Cherchez d'abord le royaume de Dieu et sa justice, et le reste vous sera donné comme par surcroît (1). » Et les dons arrivaient, toujours suffisants, montrant bien que Dieu est un bon père et qu'il veille sur ceux qui le servent avec amour et fidélité.

La vie à l'asile est une vie de travail et de prière. La sourde-muette se lève de bonne heure fait sa méditation, assiste à la sainte messe, puis se met au travail. Celui-ci est entremêlé de récréations et d'exercices, qui le rendent moins pénible, et facilitent en même temps que la santé du corps, le développement de l'esprit.

(1) Matth: vi, 33.

Les sourdes-muettes admises à l'asile viennent de différents points de la France, mais plus spécialement des départements qui avoisinent Lyon. Toutes, à peu près, arrivent sans instruction préliminaire. Il est difficile de se faire une idée de la charité et de la patience nécessaires à ceux qui entreprennent la tâche pénible d'instruire une sourde-muette de vingt-cinq ou de trente ans ! Comment arriver à cette âme, qui n'est pas abordable par les voies ordinaires des sens ? Comment faire arriver à cette intelligence, jusqu'alors seulement frappée de la vue des choses matérielles, des idées purement spirituelles ? Il le faut cependant. Pour cette œuvre de charité, le P. Célestin avait avec lui sept ou huit religieuses de Saint-Joseph. Je salue en passant ces humbles et dévouées collaboratrices, choisies presque à l'origine de l'œuvre, et dont le dévouement a toujours été admirable. La religieuse désignée par ses supérieurs, pour l'asile de Vaise, doit en arrivant, faire le sacrifice des joies modestes et des distractions légitimes qu'elle pourrait espérer dans un poste différent. Ici, règne un silence à peu près perpétuel, et l'âme qui n'est pas distraite par le son de la parole, peut demeurer dans une continuelle union avec Dieu.

Les religieuses de l'asile de Vaise ne quittent jamais les sourdes-muettes, dirigeant leurs travaux, leurs exercices religieux; et pendant les récréations, se mêlant à leurs ébats, pour faire pénétrer dans leur âme, avec plus de facilité, un pieux enseignement ou dans leur intelligence, une leçon utile.

Les résultats de ce dévouement de chaque instant sont admirables.

C'est dans cette existence d'une monotonie absolue que le R. P. Célestin passa trente années de sa vie : trente années d'une vie pleine de dévouement, de sacrifices et de piété! Entrez avec moi dans sa cellule, au premier étage de cette petite maison, bâtie par lui à l'entrée du clos. Elle est appuyée au chemin qui serpente jusqu'à l'asile lui-même. Au rez-de-chaussée, un atelier pour les sourds-muets, domestiques de la maison, atelier qui sert de réfectoire et peut-être de dortoir. A l'étage, trois modestes cellules. Celle de gauche sert de chambre à donner, et au besoin d'infirmerie. Celle du milieu de salle à manger, celle de droite était celle du P. Célestin. Aux murailles de celle-ci, un petit chemin de Croix, quelques images de piété, la photographie de sa mère. Une table servant de bureau, et quelques livres. C'était tout. C'est dans

cette chambrette étroite et modeste, que le P. Célestin a passé sa vie, priant, méditant, travaillant,
sans se permettre d'enlever à son devoir une par-
celle du temps qui lui était consacré, se récréant de
travaux fatigants du saint Ministère par d'autres
travaux. Quel modèle pour beaucoup de chrétiens !

III

SA VIE DE CHAQUE JOUR.

De quoi se composait cette existence si bien remplie ? D'actes religieux personnels d'abord ; des devoirs de sa charge ensuite, puis de ses travaux intellectuels et de sa correspondance.

Le R. P. Célestin suivait dans sa solitude de Vaise, autant que cela lui était possible, le règlement de vie des couvents de capucins. Il allait d'ailleurs tous les huit jours se retremper dans l'atmosphère vivifiante du couvent des Brotteaux ou de St-Joseph, (près de la chapelle de Sainte-Philomène), passant un jour tout entier ou la plus grande partie du jour, au milieu de ses frères en St François. Il était partout accueilli avec une respectueuse cordialité. Son air grave et doux, la sainteté de sa vie, son grand amour des règles monastiques en avait fait un religieux que l'on citait volontiers comme un modèle. Il rehaussait d'ailleurs ces qualités par une profonde humilité. Debout longtemps avant le jour, le digne aumônier de l'asile se plongeait avec délices dans l'oraison. Il méditait plusieurs heures, interrompant ses méditations pour réciter son office ou d'autres prières, et les reprenant ensuite.

Que de fois pouvait-on l'entendre, faisant dans la solitude de sa cellule, dont les faibles murailles trahissaient ses secrets, protestation d'amour à Dieu son créateur, au Sacré-Cœur de Jésus, envers qui il avait une dévotion toute spéciale, à la très sainte Vierge surtout! Et puis il gémissait sur les misères de sa vie passée, fautes assurément légères, que sa conscience délicate et timorée transformait en offenses graves; il mettait aux pieds du crucifix, son activité dans les devoirs de sa charge, son zèle pour la gloire de Dieu, son corps, son âme son être tout entier. Ses oraisons échappaient ainsi au danger de la monotonie, et devenaient de véritables colloques de son âme avec Dieu. Il disait la messe à six heures habituellement. Les personnes qui y ont assisté, savent avec quelle piété le Père célébrait les saints mystères. Il était surtout très désireux de suivre jusque dans les moindres détails les prescriptions liturgiques et ce qui, chez un autre, aurait pu passer pour un zèle mal entendu et peut-être exagéré, prenait chez lui le caractère d'un respect absolu de la règle. On lui avait fait, un jour, respectueusement remarquer que les principaux auteurs rubricistes indiquaient la manière de tenir le calice. Il s'observa aussitôt et se conforma entièrement à leurs indications. Il insistait toujours sur l'attention que le prêtre doit apporter à s'acquitter des devoirs du saint Ministère en se conformant pour le détail aux prescriptions des rubriques diocésaines et générales. N'arrive-t-il pas en effet quelquefois, que l'on néglige ces petites choses sur lesquelles l'Eglise a voulu cependant attirer l'attention, sous prétexte qu'elles ont peu d'importance ? Peut-il y avoir quelque chose d'inutile quand il s'agit du service de Dieu, et ne s'expose-t-on pas en négligeant ces petits détails à tomber dans des oublis plus graves ? A sa messe assistait la communauté. Les sourdes-muettes ne savent pas toutes lire ou même prier seules. Une d'entre elles se tient debout en face des autres et prie de façon à ce que toutes puissent suivre des yeux et s'unir d'esprit et de cœur aux prières tracées par les gestes. C'est au parloir, après une longue action de grâces, que le Père recevait sur une ardoise le nom des sourdes-muettes qui désiraient se confesser. Le nombre en était assez grand tous les jours; ce nombre augmentait naturellement le samedi et les veilles de fêtes. Que d'heures consacrées à ce ministère pénible dans la vie du P. Célestin! Que de patience ne lui fallait-il pas pour voir et saisir le véritable sens de gestes exprimés souvent, avec une rapidité étonnante, ou quelquefois mal composés et mal définis! Et puis que d'attention à apporter dans les réponses, écrites ou plus souvent mimées. Il fallait arriver à l'intelligence, et de là à l'âme. Il fallait exprimer aussi clairement que possible des choses souvent abstraites, toujours d'un ordre fort supérieur aux choses ordinaires. Mais le Père avait, de la conduite des âmes une si haute idée, qu'il mettait dans ce travail du saint Tribunal toute sa puissance intellectuelle, toute son activité, toute sa vie pour ainsi dire. Que de bien il a fait aux âmes qui lui ont été confiées! Dieu seul le sait; Dieu seul aussi peut l'en récompenser dignement. « *Ecce ero merces tua, magna nimis.* »

Le R. P. Célestin faisait généralement dans la matinée, sa visite aux malades de l'asile, et à l'atelier où travaillaient sous la direction des sœurs, celles des sourdes-muettes qui ne sont pas employées aux gros travaux de la maison ou aux travaux du jardin. Cette visite était toujours impatiemment attendue et accueillie avec des signes d'une joie profonde. Quelques muettes même, à force de volonté, en étaient arrivées à articuler le mot Père qu'elles redisaient alors à chaque instant. N'était-il pas en effet, le Père de ces pauvres déshéritées du monde et de la nature, et par sa charité évangélique, n'en faisait-il pas les enfants privilégiés de Notre-Seigneur, qui a tant aimé les pauvres, les orphelins, les malheureux de toutes conditions? Jamais dans ces visites, un geste qui ne fût pour Dieu, ou qui d'une certaine manière, ne tendît au bien des âmes. Elles se transformaient, à jour fixes, en leçons de catéchisme, ou en explications faciles et claires sur les principaux faits de l'histoire sainte ou de l'histoire ecclésiastique, sur la marche des affaires religieuses à notre époque, sur les devoirs que chacun doit remplir pour être fidèle à Dieu, etc. C'était comme on le voit, Dieu, qui était toujours le but à atteindre. Le P. Célestin ne comprenait pas son ministère d'une autre manière, et en cela, il agissait avec une logique vraiment chrétienne. Que peuvent faire à ces pauvres filles, séparées à jamais du monde par leur infirmité, et d'ailleurs recueillies à l'Asile jusqu'à leur mort, les agitations, les évènements de ce monde dont elles sont exclues? Pourquoi troubler la quiétude de leur âme et de leur esprit par d'imprudentes leçons sur des choses qu'elles ne peuvent entièrement saisir et comprendre? Ne vaut-il pas mieux diriger l'activité dont elles sont intellectuellement capables, vers les choses qui intéressent leur salut éternel et cette vie bienheureuse à laquelle elles sont appelées comme ceux qui parlent et qui entendent, et au seuil de laquelle, leurs oreilles s'ouvriront, et leur langue se déliera?

C'est une erreur de croire, qu'avant toute instruction reçue dans une institution quelconque, le sourd-muet n'a aucune idée de ses devoirs, aucune notion sur sa nature intellectuelle ou morale, et vit dans un état purement organique et animal. L'expérience prouve, au contraire, que son âme est comme « un appartement richement meublé, mais dans lequel règne d'abord l'obscurité la plus profonde.

Toutes les facultés y existent; mais pour ainsi dire endormies, selon la belle expression de saint Augustin, elles attendent le moment du réveil et de l'exercice. Il faut donc de toute nécessité que la lumière y pénètre pour donner à chaque objet sa forme, sa teinte et sa valeur. Mais depuis le plus faible rayon du jour jusqu'à l'éclat du soleil, il y a des degrés infinis. Le premier point de lueur est introduit dans l'âme du sourd-muet, tout comme dans l'enfant doué de l'ouïe, par les objets extérieurs, les actions des hommes, le spectacle varié de la nature, toutes choses qui font sur le sourd-muet les mêmes impressions que sur l'enfant qui entend, attirent son attention, frappent son imagination, se gravent dans sa mémoire, fécondant son esprit. L'égalité entre le sourd-muet et l'enfant qui jouit de l'intégrité de ses sens ne cesse qu'au moment où ce dernier entre en possession de la parole.

Témoin des phénomènes de la nature, le sourd-muet observe, réfléchit, juge, lie souvent l'effet à la cause, prévoit, etc. Il trouve les mêmes sentiments que les autres enfants; le monde moral ne lui est pas entièrement fermé, il a quelques notions de la propriété, il distingue le vrai du faux, il attache à l'un l'idée du devoir, à l'autre, la honte d'une action mauvaise; le juste le trouve en général soumis, mais l'injuste l'indigne toujours, et s'il est obligé de le subir, il se révolte et s'exaspère. Il peut même, selon le milieu dans lequel il vit, s'élever à un vague pressentiment d'un être supérieur; mais, incapable

2.

de se former une idée exacte de la Divinité, il la matérialise (1). »

Le R. P. Célestin se servait prudemment de ces vagues notions déposées par Dieu, dans l'âme des sourdes-muettes, pour les amener à une connaissance plus approfondie des choses de Dieu.

Tout le monde sait qu'autrefois les sourds-muets étaient délaissés, presque retranchés de la vie intellectuelle. On en reconquiert beaucoup à la société chrétienne par l'instruction religieuse qu'on leur donne. Je me permets d'extraire du journal des *Bons Exemples*, (année 1853,) ces quelques lignes qui montreront au lecteur ce que peut la charité chrétienne, quand elle s'exerce à soulager une infortune. « L'abbé Garnier était, tout jeune, vicaire dans une paroisse bretonne en 1828. Là végétait un vieux sourd-muet que personne n'avait essayé d'instruire. La vie de ce malheureux frappa vivement le jeune prêtre. Il voulut lui apprendre à connaître Dieu, à espérer en une autre vie. Mais comment y parvenir ? Au milieu de ces pénibles essais, M. Garnier enviait le bonheur de l'abbé de

(1) L'abbé Lambert : *La clef du Langage de la physionomie et du geste,* mise à la portée de tous, extrait, pages 36-37.

l'Epée, qui avait pu se faire comprendre des sourds-muets ; il était affligé de ne pouvoir converser avec celui dont il s'occupait, mais il ne flattait pas d'apprendre une méthode qu'il croyait très difficile.

Neuf ans plus tard, il trouva dans une autre paroisse un jeune sourd-muet. Pour cette fois, il voulut être sûr de réussir, au moins dans ses efforts d'éducation religieuse. Une de ses sœurs était religieuse à Caen, dans la maison du Bon-Sauveur, où l'on instruit les sourds-muets. Il obtint de Mgr l'évêque de Saint-Brieuc la permission d'y passer quinze jours. Durant ces deux semaines, il ne se coucha qu'une heure par nuit. Au bout de ce temps, on le jugea capable d'enseigner, et il revint décidé à sacrifier, avenir, bien-être, santé, à l'éducation des sourds-muets.

Il ouvrit aussitôt dans sa paroisse, nommée Plestan, une petite école. L'Evêque l'encouragea ; le conseil général vota six bourses, l'année suivante. Le succès fut si complet que M. Garnier vit là le doigt de la Providence, et il quitta le ministère paroissial pour fonder une école plus nombreuse. C'était risquer beaucoup : le maître n'était riche que de son zèle. En prenant cette décision il perdait son modeste traitement, et sacrifiait le peu qu'il possédait. Cependant il afferma une maison à Lamballe et s'y établit avec douze élèves, à la nourriture desquels, il consacrait tout ce qu'il recevait. Là d'abord, seul instituteur, il travailla pendant deux ans, dix heures par jour. Sa santé s'affaiblit; il fut contraint de se modérer.

Mais des collaborateurs se joignirent à lui, vinrent lutter avec lui de dévouement à mesure que les élèves se multiplièrent. Aujourd'hui la maison de Lamballe compte 32 élèves (1853).

Ce qu'a fait l'abbé Garnier en Bretagne, Madame Forestier l'a fait à Lyon. Il est intéressant de lire les quelques pages qu'ont écrites sur cette femme si chrétienne, MM. les abbés Lémann, les amis du pensionnat Forestier, situé à côté de l'Asile de Vaise. Ce pensionnat avait été primitivement fondé sur la colline de Saint-Just, par un sourd-muet : M. David Comberry. Il fut transféré à la montée de Balmont, par les époux Forestier. M. Comberry avait une fille à qui Dieu, dans sa miséricordieuse sagesse pour ceux qui souffrent, avait donné une mission spéciale. Agée de cinq ans, « elle retenait sa petite langue captive afin de mieux apprendre le langage des signes parce que son père était sourd-muet. Par déférence pour ce père tendrement aimé, et par dévouement pour son petit peuple de sourds-muets auquel elle était toujours mêlée, elle n'hésita pas, à l'âge de vingt ans, à unir son sort à celui de cet homme vénéré de tous ceux qui le connaissent : M. Claudius Forestier. » (*Mad. Forestier*, par les abbés Lémann.)

Le R. P. Célestin voyait fréquemment, et pour ainsi dire tous les jours, les élèves du pensionnat Forestier. A ces occupations de chaque jour, à celles plus absorbantes du dimanche, il en joignait d'autres. « Il allait à Lyon », comme il disait, voir les sourds-muets, disséminés çà et là, dans la ville. Il confessait à domicile les malades ou les infirmes qui ne pouvaient se rendre au couvent des Brotteaux, où il faisait une réunion chaque semaine. Il visitait aussi ceux des hospices. Ces visites des sourds-muets à domicile, absorbaient une grande partie du temps qu'il consacrait aux courses dans Lyon. La ville est fort étendue, l'Asile est à une des extrémités de Vaise, et les sourds-muets appartenant presque tous à de pauvres familles, habitent ordinairement les faubourgs où se loge la population ouvrière. Fidèle disciple de saint François, le R. P. Célestin faisait toujours ses visites à pied. Que de fois cependant, accablé de fatigue, il eût pu prendre les tramways ou les Mouches, dont le prix est si modique. Mais il eût craint de manquer par là à la pauvreté religieuse. Les habitants de la rue de Bourgogne ou des autres rues de Vaise, n'ont pas oublié ce religieux à la figure si douce, si sympathique, à la longue barbe blanche, qui s'en allait, les épaules légèrement voûtées, en égrenant son rosaire, voir ses chers sourds-muets, et qui parfois, rencontré par l'un d'eux, esquissait rapidement quelques gestes, au grand étonnement des passants. J'ai dit qu'il était souvent appelé dans les hôpitaux pour assister des malades étrangers, spécialement des allemands. Sa connaissance de la langue allemande lui avait été d'un grand secours.

Enfin il confessait les religieuses de différentes communautés. J'ai sous les yeux, l'autorisation qui lui était annuellement accordée pour les Trappistines par exemple.

Les fidèles ignorent généralement combien est absorbant, je devrais dire aussi, combien est pénible et fatigant, le ministère du saint Tribunal.

Le P. Célestin l'a exercé près de trente ans avec un zèle extraordinaire, avec une patience angélique.

Malgré tous ces travaux, malgré ses courses de

charité, dans les rues et les quartiers les plus éloi-
gnés de Lyon, le Père trouvait le moyen de consacrer un temps, relativement considérable, à l'é-
tude. Il lisait et notait soigneusement le résumé de
ses lectures ; les Pères et les Docteurs de l'Eglise,
les auteurs mystiques et ascétiques, étaient ses
livres de prédilection. Il étudiait continuellement la
théologie, et les saintes Ecritures.

Il s'était d'ailleurs interdit toute lecture ou toute
étude qui n'eût pas été directement utile au bien des
âmes. Que de connaissances, il acquit ainsi, pour la
direction de celles qui lui étaient confiées.

Le prêtre est un médecin, et le médecin doit étudier sans cesse, sous peine de se trouver au-dessus
de sa mission.

On peut à peine se faire une idée de l'immense
quantité de notes et de résumés, d'appréciations,
de critiques ou simplement d'indications dont il
remplissait de nombreux cahiers d'une écriture
originale, et cependant fort lisible. Il se servait
aussi pour la préparation de ses instructions de
notes écrites sur des feuilles volantes qu'il colla-
tionnait quand il en avait le loisir. Ajoutez à cela
les articles qu'il rédigeait pour de petites publi-
cations périodiques concernant l'Œuvre des sourds-

muets et sa nombreuse correspondance, et vous aurez une idée de la manière dont ce bon serviteur de Dieu employait les journées que lui accordait la Providence.

IV

SA CORRESPONDANCE

Le P. Célestin correspondait fort régulièrement avec les sourds-muets qu'il avait connus et dirigés dans les voies de Dieu, et qui n'habitaient plus Lyon. Comme il allait à Paris, presque tous les ans, prêcher à St-Roch, à l'époque du Carême, aux sourds-muets de la capitale, il était en relations avec beaucoup d'entre eux. Isolé du monde par son infirmité, le malheureux qui ne jouit pas des sens de l'ouïe et de la parole, saisit avec empressement, je dois dire plus, avec avidité, la moindre occasion qui lui est offerte de communiquer ses pensées aux autres, et quand il rencontre sur son chemin un homme compatissant, charitable, qui veut bien lui consacrer quelques heures de son temps, il est heureux et il use de ces bienveillantes dispositions autant qu'il le peut.

Cette correspondance avec les sourds-muets doit

être pénible. Ils sont comme de véritables enfants qui, à la moindre difficulté, recourent à leur mère. Jamais ce ministère n'a rebuté le P. Célestin. Que de lettres n'a-t-il pas écrites ainsi, à ces pauvres infirmes, leur prodiguant les marques du plus vif intérêt, les encourageant à recourir à lui, autant qu'ils voudraient et leur donnant toujours d'admirables leçons de vertu. Il écrivait plus rarement aux membres de sa famille, considérant comme un devoir de sa charge, de consacrer tout son temps aux âmes que Dieu lui avait confiées. Aussi ses lettres, étant fort rares, étaient reçues avec bonheur et lues par tous, avec avidité. Que d'enseignements elles renfermaient! Que de leçons sur la manière d'aimer Dieu, la sainte Vierge, les Saints; sur la nécessité de gagner des indulgences, d'acquérir des mérites, de préparer son Eternité. On ferait un livre intéressant avec cette correspondance.

Il écrivait à une mère chrétienne : « J'admire de plus en plus votre dévouement pour vos enfants, ce dévouement généreux qui vous inspire toute une vie de sacrifices, ce dévouement intelligent qui vous rend plus soucieuse de leur avenir éternel que de leur avenir temporel, sans cependant vous permettre de rien négliger pour assurer ce dernier.

Continuez, je vous prie. Ne laissez point inachevée une œuvre que vous avez si bien commencée. Voici pour votre fils, le moment décisif, l'âge de l'adolescence. Un faux pas, un écart, une déviation, pourrait le conduire au précipice. Il est exposé à faire fausse route, en manquant à la grâce de sa vocation, je veux dire en embrassant un état auquel il ne serait point appelé, ou en se laissant entraîner par le courant des idées, des maximes, des exemples du monde, dans l'abîme de l'incrédulité et de la dépravation. L'adolescent vieillit dans la voie où il est une fois entré. Puisque votre fils est dans une bonne voie, efforcez-vous de l'y maintenir. Une fois bien affermi dans cette voie, il y restera toujours pour son bonheur et le vôtre.

Redoublez donc de sollicitude, soyez plus prodigue de soins. Exhortez, avertissez sans jamais vous lasser. Les bonnes paroles d'une mère trouvent presque toujours dans le cœur de son fils, un écho qui les répète jusqu'à ce qu'elles soient écoutées. Les maximes d'une mère sont une semence qui germe et fructifie tôt ou tard. Rappelez souvent à votre fils que nous sommes étrangers sur cette terre ; que notre patrie est le ciel ; que, pèlerins de l'Eternité, nous avons besoin pour nous orienter de la boussole de la foi ; que la route qu'il nous faut suivre est celle des commandements de Dieu et de l'Eglise ; que nos munitions de voyage sont la prière et les Sacrements.

Rappelez-lui que le ciel est une récompense, la vie un combat contre les mauvais penchants du corps, du cœur et de l'esprit ; contre le démon, contre le monde qu'on ne surmonte qu'en le fuyant.

Rappelez-lui que la vraie richesse de l'homme est la grâce sanctifiante, qui nous rend membres de Jésus-Christ, enfants et héritiers de Dieu : celui-là seul est riche, qui possède ce trésor. Un péché mortel nous ravit la grâce sanctifiante : inspirez-lui donc l'horreur du péché mortel.... Ne vous contentez pas d'exhorter, surveillez, voyez s'il ne court pas de dangers pour sa foi, pour ses mœurs, du côté de son patron, du milieu où il respire, du côté de ses camarades, de ses lectures, etc. Le contact des libertins est funeste. Si vous reconnaissez qu'on exerce sur lui une fâcheuse influence par des discours impies ou licencieux, par des exemples mauvais, ne balancez pas, retirez-le auprès de vous, ou placez-le ailleurs, chez des personnes sûres. Prenez garde, dans une affaire de si grande importance, de prendre les jugements d'un monde aveugle pour régler votre conduite. Enfin, Madame, ne cessez de prier pour votre fils : les prières d'une mère ont un caractère officiel qui leur donne un accès facile auprès de Dieu. »

Que de mères pourraient profiter de ces conseils si sages, si chrétiens ! Hélas ! combien en voyons-nous aujourd'hui qui s'ingénient à trouver pour leur fils une situation brillante au point de vue du monde et semblent se soucier fort peu de leur avenir éternel ! Celles-là se préparent pour la fin de leur vie de cruels chagrins et des remords cuisants.

Il écrivait à une autre mère de famille :

Lyon, janvier 1860.

« Je vous souhaite une bonne et heureuse année. Je prie notre aimable Sauveur de vous combler de ses grâces, de vous aider dans vos peines, de vous apprendre à les supporter d'une manière méritoire pour le ciel, de vous inspirer son amour, un grand désir de le posséder éternellement, une grande fidélité à accomplir sa sainte et adorable volonté. Je le prie de vous assister, dans le gouvernement de votre petite famille, de vous suggérer tout ce que vous devez faire pour le bonheur temporel et éternel de vos enfants. Je vous en conjure, occupez-vous sérieusement de leur conduite, reprenez-les avec douceur, mais sans faiblesse, rappelez-leur souvent l'importance du salut, la nécessité d'accomplir les commandements de Dieu pour être heureux en ce monde et en l'autre. Ne permettez pas que les idées d'orgueil, de fierté, d'insubordination, de vanité, de mondanité, de vie oisive et sensuelle germent dans leur tête : ce serait leur perte, leur malheur et le vôtre. Tâchez, au contraire, de leur inculquer des maximes d'humilité, de soumission, de respect, d'ordre, de tempérance, de modération dans les désirs, d'éloignement du monde, de vie austère et laborieuse. Elevez-les surtout dans la crainte de Dieu, qui est le commencement de la sagesse et le meilleur frein contre les passions. »

A ces conseils que le P. Célestin donnait d'une manière générale, à cette mère de famille, pour l'éducation morale et religieuse de ses enfants, il en joignait, quand cela était utile, de très particuliers. « J'ai appris que Mademoiselle..... est sur le point de sortir d'apprentissage et qu'elle a l'intention de s'engager comme femme de chambre. Où ira-t-elle ? Que deviendra-t-elle ? Jeune et sans expérience, elle ne connaît ni les dangers ni la vanité du monde, son caractère est loin d'être formé et sa piété n'a pas encore toute la solidité voulue. Mon Dieu, éclairez cette pauvre enfant, et ne permettez pas qu'elle fasse fausse route!... Que si, tout bien considéré, vous pensez qu'il n'y a pas de meilleur parti à prendre, au moins, ne souffrez pas qu'elle entre dans une maison où le bon Dieu n'est pas craint et aimé : elle s'y perdrait. Procurez-lui une place où elle ait plutôt à gagner qu'à perdre, du côté du caractère et de la piété. Ce serait un grand mal si un gage plus ou moins élevé, devait seul régler votre choix. La question d'argent doit à peine peser un grain dans la balance! Veuillez, je vous prie, accueillir ces quelques recommandations et mettez-les en pratique. C'est mon affection pour vous et pour vos enfants, mon zèle pour la gloire de Dieu, qui me les inspirent. »

Il savait d'ailleurs varier ses conseils suivant la situation des personnes à qui il s'adressait. Ecrivant en novembre 1859, à un de ses cousins, il lui disait : « Vous ne pouvez douter que votre bonne lettre ne soit venue me surprendre agréablement. Merci pour l'amitié que vous me témoignez et pour le respect religieux dont vous entourez les objets de piété que je vous ai envoyés. Vous ne vous trompez pas en voyant dans ces objets, une marque de mon affection pour vous et une preuve que je ne vous ai point oublié. Je puis vous l'assurer, mon cher cousin, tous les membres de la famille me sont chers ; je vis au milieu d'eux par le cœur, et permettez-moi de l'ajouter, par les œuvres, car je m'occupe chaque jour de leurs intérêts les plus sacrés. Vous me rappelez les douloureux événements qui vous ont successivement plongé dans un deuil que j'ai partagé. Bien cher cousin, comme tout passe ! Nous passons nous-mêmes. Ah ! passons bien, en marchant toujours dans la voie des commandements de Dieu, à la suite de Celui qui est la vérité, la voie et la vie. Il est des gens pour qui la vie n'est qu'un effort continuel contre la souffrance, une série de jouissances à parcourir le plus lentement possible par le chemin le plus doux et le plus long. Pour nous, chrétiens, qui voyons des yeux de la foi, la vie n'est qu'une ascension à la vie de l'éternité, par l'échelle du devoir ; c'est une lutte pour une couronne de gloire, contre le démon, le monde et les passions : c'est un négoce avec le ciel.... »

A un ami qui se plaignait, sans doute d'être paresseux et lâche pour le service de Dieu, il disait : « Retrempez votre âme, quelque peu ramollie par le contact du monde et des affaires, dans le souvenir des grandes vérités de la Religion, dans la contemplation affectueuse des amabilités infinies de Dieu, dans la vue intellectuelle des mystères ineffables de son amour, dans la prière et les Sacrements. Du reste, Marie, qui est bonne en tout lieu, mais qui se plaît à faire sentir sa présence en certains lieux choisis, Marie vous attend sur la montagne chérie que vous connaissez (la Salette), pour réchauffer votre cœur en le pressant sur le sien. On peut ne pas toujours obtenir les faveurs temporelles qu'on sollicite, sur cette sainte montagne, mais on n'en descend jamais sans un accroissement d'amour de Dieu et de tendresse pour Marie... »

Poursuivant par tous les moyens et dans toutes les circonstances, la sanctification et le salut de ceux qu'il connaissait, le R. P. Célestin était vraiment le prêtre selon le cœur de Dieu, l'apôtre zélé qui veut la gloire de son Maître et l'extension de son royaume. Il était surtout désireux de faire du bien à l'âme des enfants. Les enfants sont l'espoir de l'Eglise.

Devenus plus tard des hommes, ils mettent généralement à son service leur bonne volonté, leur courage, leur foi, si leur adolescence a été préservée des influences pernicieuses du monde, et s'ils sont restés à dix-huit ou vingt ans, ce qu'ils étaient à douze, au moment de leur première communion. Ecrivant à un enfant à qui il s'intéressait vivement, après avoir déjà donné ses conseils à la mère, le bon religieux disait : « Bien cher ami, vous pouvez comprendre par ma lettre à votre maman, combien je vous aime. Croissez en sagesse et je vous aimerai toujours davantage. Je ne désire pas que vous deveniez un grand seigneur, un riche propriétaire, un artiste, un savant, mais un saint. Vous n'êtes sur la terre que pour vous sanctifier. N'oubliez pas cette vérité capitale que le monde oublie toujours. Jeune et sans expérience, n'allez pas vous laisser endoctriner par le monde, n'allez pas croire que la vraie sagesse consiste à viser aux honneurs, aux richesses, aux plaisirs, que le vrai bonheur consiste à jouir de ces choses. Le monde n'est qu'un ramassis de romanciers, de comédiens, de viveurs, d'esclaves des sens et de la vanité, d'esprits gâtés, de gens à courte vue, à l'horizon borné; d'aveugles, de fous qui parlent et s'occupent d'affaires puériles, d'égoïstes hypocrites et cruels, de sépulcres blanchis. N'écoutez pas un tel docteur. Ses enseignements ont été réprouvés et maudits par le divin Maître. Le monde est un sot et un imposteur.

Repoussez avec une indignation d'enfant de Dieu le calice empoisonné de ses doctrines et de ses séductions. Jésus-Christ seul est la vérité, la voie et la vie.

Soyez ce que vous devez être : un disciple, un fidèle, un membre de Jésus-Christ. Soyez chrétien ! peu m'importe après. que vous maniez la pioche, la plume ou le pinceau; que vous soyez vêtu de bure ou de riches étoffes, que vous logiez dans une mansarde ou dans un palais ! si vous êtes chrétien, tout est là; la sagesse, la richesse, la grandeur. Ah ! puissiez-vous bien le comprendre et vous baser là-dessus. » Il écrivait encore au même : « Je vous recommande la piété filiale envers votre mère, une affection toute fraternelle envers vos sœurs, un respect religieux pour vos supérieurs spirituels et temporels. Prenez garde de lire les mauvais livres, les journaux irréligieux, bouffons, légers, immoraux ; fuyez les lieux de débauche, les compagnies dangereuses. De nos jours, presque toute la jeunesse exhale une odeur infecte et pestilentielle. Si c'est possible, enrôlez-vous dans quelque association pieuse ; fréquentez les sacrements, priez. Ne soyez pas du nombre des sots qui rougissent d'honorer Dieu et de confesser leur misère. Dès l'instant où vous cesseriez de prier, vous seriez un enfant perdu, et vous deviendriez la croix et la honte de votre famille. Ayez une tendre dévotion envers Marie : récitez au moins chaque jour trois Ave Maria, le matin et le soir, en son honneur. On ne peut être enfant de Dieu, sans être enfant de Marie. »

Ainsi la préoccupation du bon Père pour le salut des âmes éclatait dans ses moindres paroles, dans ses écrits de chaque jour. Il avait, de la valeur des âmes, qui ont coûté le sang de Jésus-Christ, une si haute idée, qu'il eût été prêt à tous les sacrifices non seulement pour le salut d'une seule, mais simplement pour procurer à une seule, un avantage spirituel quelconque. C'est pour cela qu'envoyé à Lyon par ses supérieurs pour se consacrer à l'œuvre des sourdes-muettes, il ne perd pas un instant pour se mettre en mesure de leur être utile. Il écrit à Marseille peu après son installation à Vaise : « Je suis heureux de vous annoncer que le jour de la Toussaint, j'ai prêché pour la première fois en mimique. Après mon petit sermon, un exprès envoyé par les élèves est venu me dire que des messieurs désiraient me parler. J'étais à peine à mi-chemin que je devinai la ruse. Ces bons enfants étaient tous rangés dans une salle et m'attendaient pour me complimenter. A ma vue, ils se mirent à battre des mains, comme si j'avais fait merveille. L'explosion fut si bruyante, que si vous aviez été là, je vous aurais demandé du coton pour protéger mes oreilles. Pardonnez-moi de vous raconter ce petit événement qui ne m'a point du tout enflé d'orgueil. »

Il excellait à diriger une âme dans les voies de Dieu, à l'encourager quand elle progressait, à la fortifier quand elle faiblissait, et toujours il trouvait le remède utile. Ecrivant en 1868, au mois de janvier, à une personne qui lui avait sans doute ouvert son cœur, il disait : « Je vous remercie de vos souhaits de bonne année, mais je vous remercie surtout de m'avoir manifesté l'état de votre âme. Cet état est bien triste, bien affligeant pour le cœur de Dieu et pour ceux qui vous aiment sincèrement. Laissez-moi en médecin spirituel plein de compassion vous en indiquer la cause et vous prescrire les remèdes qu'il faut y apporter promptement. Vous êtes, dites-vous, languissante, sans goût, indifférente pour la religion, sans volonté pour le bien, agitée même par le souffle violent de l'incrédulité. Et pourquoi, je vous le demande ? C'est parce que vous priez peu ou mal. Pour vivre spirituellement il faut prier, de même que pour vivre corporellement il faut manger et respirer : la prière est le repas et la respiration de l'âme. Une âme qui prie peu est une âme qui se meurt, une âme qui ne prie plus est une âme morte. Quoi ! vous ne pouvez vous passer d'aliments pour entretenir en vous la vie du corps et vous croiriez pouvoir vous en passer pour entretenir en vous la vie de l'âme, la vie de la grâce, la vie des enfants de Dieu ? Quel est cet aliment dont votre âme a un continuel besoin, ce pain qu'elle doit s'assimiler, cet air qu'elle doit respirer ? C'est la grâce de Dieu, cette lumière divine qui éclaire, échauffe et vivifie les corps. Pour vivre de la vie de Dieu, il faut en quelque sorte respirer Dieu, se nourrir de Dieu. Mais cette grâce divine si nécessaire, c'est par la prière qu'on l'obtient. Dieu, qui est le maître de ses dons, l'a ainsi ordonné. Aussi notre aimable Sauveur veut-il que nous priions sans jamais nous lasser. La prière est aussi douce que nécessaire. Sur ses ailes, nous nous élevons vers Dieu, nous conversons avec lui, nous nous unissons à lui. Quoi de plus doux ? »

Après avoir donné de la nécessité de la prière, plusieurs autres raisons, le Père ajoutait : « Purifiez bien votre cœur par le sacrement de Pénitence, éloignez-vous de toute présomption d'esprit.

Soyez humble : les ruisseaux de la grâce n'ar-
rosent pas les montagnes, c'est-à-dire les esprits
orgueilleux, mais bien les vallées, c'est-à-dire les
cœurs humbles. Ne tardez pas, je vous prie, d'employer les remèdes dont je viens de vous parler,
car il en est des maladies de l'âme comme de
celles du corps : les délais sont funestes aux unes
comme aux autres.

Fuyez les compagnes légères qui font les esprits
forts. Un esprit fort, ma fille, n'est fort qu'en bêtise.
Ne vous moquez pas des personnes pieuses, et
surtout, n'attribuez pas à la dévotion, les quelques
misères humaines, les imperfections, les défauts,
les fautes de ceux qui en font profession.

La misère la plus grande, le défaut le plus hideux,
la faute la plus impardonnable est de voir la
paille dans l'œil du prochain et de ne pas voir la
poutre qui est dans le sien ; c'est de tout censurer
dans les autres et de ne se reprendre pas soi-même ;
d'exiger des autres une perfection sans mélange et
de ne se croire obligé soi-même qu'à une perfection
relative ; c'est enfin d'abandonner la piété si droite,
si douce, si aimable, à cause des travers des autres,
de faire dépendre sa propre vertu de la conduite
du prochain.

Défiez-vous, d'ailleurs, de votre propre jugement. Un esprit prévenu, passionné juge mal bien des choses, parce qu'il les voit sous un faux jour. Veuillez bien, ma fille, méditer attentivement le contenu de cette lettre et n'y rien voir qui n'ait été dicté par mon zèle pour votre sanctification. Ne vous découragez pas. Votre retour à Dieu ne sera point difficile. Dieu est bon. Quand on s'humilie devant lui, il s'incline avec amour pour relever. Adressez-vous à Marie, le refuge assuré des pécheurs, le trône de la miséricorde ; baisez les degrés de ce trône, recommandez-vous à sa tendresse maternelle : son assistance vous rendra tout facile. »

J'ai cité presque entièrement cette belle lettre du zélé religieux, parce qu'elle me semble intéresser les personnes qui peuvent se trouver momentanément dans l'indifférence ou dans la tiédeur. Elle renferme, en effet, des conseils éminemment pratiques qui indiquent qu'il y avait chez le P. Célestin une connaissance profonde de l'art si difficile de la direction des âmes. Il montrait plus encore, si c'est possible, cette science délicate, dans la correspondance qu'il entretenait régulièrement avec un enfant qui se destinait au sacerdoce. Je ne puis évidemment citer que des extraits, mais ils suffisent au lecteur pour apprécier.

— 53 —

Lyon, 17 novembre 1870.

« Votre sortie du collège et votre entrée au petit séminaire me permettent de juger que cette volonté de recevoir le sacerdoce, dont vous m'avez parlé dans quelques-unes de vos lettres, procède d'une grâce de vocation et non pas d'une imagination rêveuse.

Si cela est, je vous souhaite la persévérance, et je vous prie de ne jamais mettre obstacle à cette grande bénédiction que Notre-Seigneur a résolu de tirer des trésors de sa miséricorde pour vous, et même en un sens, pour toute votre famille, car une telle grâce rayonne toujours d'une manière toute particulière autour de celui qui l'a reçue, sur les personnes qui le touchent de plus près... »

Lyon, 12 janviers 1872.

« Vos deux dernières lettres me permettent d'espérer plus que jamais, qu'un jour vous serez admis dans l'ordre sacerdotal. Oui, un jour, à ce royal sacerdoce, dont parle saint Pierre, et que vous possédez déjà comme chrétien, sera ajoutée la prêtrise, que seule l'ordination sacramentelle confère et qui est une éminente participation du Sacerdoce de Notre-Seigneur ; une participation qui imprime dans le prêtre un caractère spécial et sublime, lui communique des pouvoirs extraordinaires, divins, le place à un rang très élevé, le rend capable de faire des choses immenses pour Dieu, pour le prochain, pour lui-même, et qui est par conséquent une grâce d'une valeur inappréciable... »

Dans une autre lettre :

« L'attrait que vous avez, depuis plusieurs années pour l'état ecclésiastique est tout spirituel, puisqu'il vous porte à embrasser ce saint état, non en vue d'un avantage quelconque d'ici-bas, mais uniquement pour vous consacrer à Dieu et vous employer à son service.

C'est un attrait qui a été accompagné de grandes grâces puisque vous avez toujours pu le suivre, malgré tous les obstacles, puisque vous avez pu faire de bonnes études préparatoires, puisque vous avez constamment mis votre conduite en harmonie avec le saint état auquel vous aspirez. Un tel attrait est évidemment d'origine céleste; sa source, c'est le cœur du Pontife suprême et éternel N.-S. Jésus-Christ qui choisit ceux qu'il veut, pour les rendre participants de son Sacerdoce et en faire ses ministres. Je pense donc qu'en le suivant, vous obéirez à Dieu et que vous marcherez dans la voie que sa Providence vous a tracée. Efforcez-vous de toujours bien répondre à l'appel divin. Priez beaucoup, soyez humble, mortifiez-vous et recourez sans cesse à la protection de Marie, la mère de tous les chrétiens, et tout spécialement des prêtres. »

Dans une autre lettre (janvier 1874), il lui disait : « Poursuivez avec courage le cours de vos importantes études, sous la direction des maîtres que le bon Dieu vous a donnés, mais ayez soin de prier souvent Notre-Seigneur de vous ouvrir le sens intellectuel, et penchez-vous souvent sur son cœur comme Saint Jean, le disciple bien-aimé, afin qu'il vous communique de sa plénitude. Priez toujours pour moi, et pour les âmes que le souverain Pasteur m'a confiées. Je prie chaque jour pour vous, principalement quand j'offre le saint Sacrifice, et quand je donne la bénédiction avec le Saint-Sacrement. »

Consulté, au moment décisif par le séminariste en question, il lui écrit : « Je pense comme votre Directeur spirituel, que Dieu vous appelle aux saints Ordres, et je fonde mon jugement sur l'attrait persistant qui vous porte depuis plusieurs années à le recevoir, et à vous imposer, à cet effet, de rudes fatigues et le sacrifice des goûts naturels; je me base aussi sur vos qualités d'esprit et de cœur, sur le succès de vos études, sur l'esprit de piété qui vous anime, enfin sur votre conduite, toujours en harmonie avec la sublimité du but que vous vous proposez d'atteindre.

Quand le dernier signe de la volonté divine vous sera donné, je veux dire l'élection par votre évêque, vous pourrez avancer en toute assurance, et faire le pas solennel sans crainte, sans hésitation aucune. Dieu sera avec vous; aidé de sa grâce, il ne vous sera pas difficile de remplir fidèlement vos engagements, de vous acquitter dignement des fonctions sacrées, d'être un de ses bons ministres, de faire beaucoup de bien, d'éviter, en marchant toujours par la voie de l'humilité et de l'obéissance à l'Eglise, de vous égarer et de vous perdre. »

Enfin, au jeune homme devenu prêtre, il disait :

« J'espère qu'en vous se réalisera la parole de la sainte Ecriture : « *Justorum autem semita quasi lux splendens, procedit et crescit usque ad perfectam diem.* » Avec le caractère et les grâces du Sacerdoce, vous pouvez faire d'immenses choses. Seulement, soyez toujours un homme de Dieu, se guidant par l'esprit de Dieu, faisant l'œuvre de Dieu, et cherchant en tout la gloire de Dieu. Pour que vous soyez tel constamment, n'éteignez jamais en vous l'esprit de sainte oraison et de sainte dévotion; employez le temps qui vous reste après l'acquit de vos devoirs de vicaire, à lire la sainte Ecriture, de bons traités de théologie, la *vie des Saints*, etc. Ne le perdez pas dans les journaux, dans de vaines occupations. »

Le lecteur me pardonnera de m'être arrêté à citer d'aussi longs extraits de cette correspondance du R. P. Célestin. Mais il s'en dégage un tel parfum de piété et de zèle du salut des âmes, qu'il était bon d'en faire ressortir quelques traits principaux. Comme je l'ai dit plus haut, on ferait avec ces lettres du bon Religieux un ouvrage intéressant et utile.

Heureux ceux qui sont tellement pénétrés de l'esprit de Dieu, qu'ils ne peuvent pour ainsi dire s'en dégager, et qui n'agissent que sous l'inspiration de cet esprit divin !

V

SA VIE PRIVÉE. — SA MORT

Le R. P. Célestin avait une immense dévotion à la très sainte Vierge. Il y a peu de pages, dans les notes qu'il a laissées, dans les études personnelles qu'il faisait, dans les lettres qu'il écrivait, où le nom de l'Auguste Reine du ciel n'apparaisse plusieurs fois, entouré d'une auréole d'amour et de filiale vénération.

Il disait un jour à une personne qui venait lui annoncer son très prochain voyage à La Salette: « Vous prierez la Vierge Marie pour moi, et vous lui présenterez mes hommages de vénération, d'amour et de reconnaissance. Cette bonne Mère, je l'ai toujours aimée, mais je l'aime davantage, depuis notre dernier pèlerinage : ma piété envers elle s'est accrue. Obtenez par vos prières qu'elle augmente encore, car je désire brûler d'ardeur pour une si admirable Souveraine, une Mère si tendre;

je désire me consumer à son service. » Il passait rarement de semaine, sans monter à Fourvière. Il priait alors tendrement aux pieds de la sainte Patronne de Lyon et de la France. Quelquefois, appelé par son ministère, dans les environs de la chapelle de Notre-Dame, il faisait un détour pour y entrer (1).

Il envoya en 1872 à sa nièce, religieuse de la maison de Portieux, pour étrennes, une formule d'offrande et de prière à la sainte Vierge, que je crois utile de citer ici : « Douce Vierge Marie, notre bonne Mère et notre glorieuse Reine, en union avec vous et toute l'Eglise, nous offrons à la sainte Trinité, la vie, la Passion et le précieux Sang, la mort de N.S. Jésus-Christ, votre divin Fils, en réparation de nos péchés et de ceux du monde entier, pour la conversion des infidèles, des hérétiques, des schismatiques, de tous les pécheurs ; pour la délivrance des âmes du Purgatoire, pour obtenir la grâce de renoncer à nous-même, de porter notre croix, de

(1) Apprenant un jour que le feu s'était déclaré dans la sainte chapelle de Fourvière, il courut au secours de l'oratoire menacé, et fut heureux, au delà de toute expression, d'avoir pu travailler à éteindre l'incendie. « Je ne donnerais pas pour un million, disait-il, le titre de pompier de N. D. que j'ai ainsi gagné. »

suivre Jésus-Christ, voie, vérité et vie, et de parvenir à notre patrie céleste avec un riche trésor d'innocence, de vertus et de saintes œuvres.

« Vierge immaculée, bénie entre toutes les femmes, Marie, pleine de grâces, Mère aimable, Reine admirable, nous vous aimons, nous vous vénérons, nous vous remercions, nous mettons en vous notre confiance. Parlez pour nous, à N. S. votre Fils miséricordieux, priez-le de nous pardonner, de nous bénir, et avec Lui, ô tendre Mère, bénissez-nous, bénissez vos enfants prosternés à vos pieds. »

C'est par de telles paroles qu'il cherchait à allumer dans tous les cœurs le flambeau de l'amour le plus pur et le plus tendre, vis-à-vis de la sainte Vierge. Il avait en Elle une immense confiance et disait souvent : « Elle vient à nous comme Mère de miséricorde et avec des grâces extraordinaires ; prions-la beaucoup ; prions-la sans cesse. Prions-la tout particulièrement pour la conversion des protestants, notamment de ceux du Ban de la Roche et de Rothau, et pour la conversion des anabaptistes, des Quevelles et de Salm (1). De tout temps,

____

(1) Le Ban de la Roche, Rothau, les Quevelles et Salm sont situés aux environs de Labroque, (Vosges.)

cette divine Reine a détruit toutes les hérésies dans le monde entier. »

Lorsque les temps étaient troublés, et que l'enfer semblait redoubler d'efforts contre l'Eglise, il disait pour raffermir le courage de ceux qui semblaient redouter l'issue de la lutte : « Soyons sans trouble et sans crainte au milieu de la grande tempête déchaînée par Satan contre l'Eglise. La Reine des Anges, Marie immaculée est avec nous ; le Seigneur est avec nous, nous remporterons la victoire. Le monde est toujours vaincu par la foi qui agit et qui prie. »

A la dévotion à la sainte Vierge, il joignait celle à saint Joseph, dont il parlait souvent dans ses instructions aux sourdes-muettes et surtout aux sourds-muets, domestiques de l'Asile. Il leur faisait un frappant tableau de l'atelier de Nazareth où Joseph, le modèle des ouvriers chrétiens, travaillait sous les yeux de Jésus et de Marie. Alors dans ces âmes naïves, descendait, avec l'éloquence du saint Religieux, un rayon de la grâce de Dieu.

Courbé sur son travail, le pauvre déshérité de la nature, sentait en lui une force surnaturelle, et levant les yeux sur l'image du saint Protecteur de l'atelier chrétien, il reprenait avec plus de courage son labeur de chaque jour.

Il aimait beaucoup aussi saint Augustin qu'il avait reçu pour patron au baptême. « Je voudrais aimer et servir Dieu comme lui », répétait-il souvent. Ecrivant à un de ses neveux, il lui disait : « Priez toujours Notre-Seigneur qui est venu répandre le feu du divin amour sur la terre, de fondre la glace de mon cœur et de m'embraser comme Augustin des flammes de la charité. » Il invoquait son saint patron avant de se livrer à l'étude, et quand il avait à traiter une question délicate de doctrine, il commençait par prendre humblement ses avis, comme un fidèle disciple doit le faire vis-à-vis de son maître. Il en lisait régulièrement et soigneusement les œuvres et se trouvait ainsi à même d'en citer des passages entiers.

Il avait encore la dévotion aux Cinq Plaies de Notre-Seigneur, et cherchait à la répandre autour de lui. Il en parlait dans une lettre qu'il adressait à une religieuse le 12 octobre 1860 : « Le bon Père D... vous a sans doute dit que nous nous proposons, lui, trois autres Pères et moi, de nous adonner d'une manière toute particulière à la dévotion des Cinq Plaies de notre tout aimable Jésus. Ces sources bénies de notre salut, ces asiles sacrés où s'est signé le grand traité de la nouvelle alliance, ces bouches éloquentes qui plaident sans cesse notre cause, ces paratonnerres admirables qui nous préservent des foudres de la justice divine, enfin ces blessures qui ont guéri nos blessures mortelles, ces marques touchantes de l'amour de Jésus pour nous sont loin d'être l'objet d'une suffisante dévotion parmi les chrétiens, qui devraient mourir de honte de leur froideur et de leur oubli.

Je confesse ma faute. Jusqu'à présent, moi, le premier, je n'ai pas payé les Plaies de mon Sauveur par d'assez fréquents baisers de reconnaissance et d'amour, je n'ai pas su non plus assez les faire parler pour le salut des pécheurs et le mien ; enfin je n'ai pas su me renfermer comme il faut dans ces citadelles inexpugnables, dans ces demeures de la paix, dans ces rendez-vous où l'Epoux-Sacré comble les âmes de faveurs. Je veux réparer ma faute ; désormais je m'inscris parmi les âmes dévouées aux Cinq Plaies de mon Jésus... »

Ces dévotions étaient toutes primées par celle du Sacré-Cœur de Jésus. Il en faisait souvent le sujet de ses prédications aux sourdes-muettes, et en multipliait les images et les devises autour de lui et dans toute la maison. Il fit élever à l'extrémité de la cour où se récréent les personnes de l'Asile une grotte en ciment, simulant le rocher. Dans cette niche rustique est placée une belle statue du Sacré-Cœur, que les sourdes-muettes garnissent de fleurs au mois de juin et devant laquelle elles ne passent jamais sans s'incliner respectueusement et sans faire mentalement un acte d'offrande et d'amour.

Dans ses lettres il parlait souvent des fruits merveilleux que la dévotion au Sacré-Cœur de Jésus produit dans les âmes, et la recommandait chaleureusement aux personnes désireuses d'avancer dans la piété.

A ces dévotions favorites, le R. P. Célestin en joignait beaucoup d'autres, car sa piété cherchait partout un aliment. Et il faisait tout cela simplement, doucement, comme il convient aux âmes vertueuses, dont l'humilité est la vertu fondamentale. Cette piété si tendre, si délicate, qui s'attachait aux moindres détails et qui, en toutes occasions, trouvait moyen de s'affirmer, savait néanmoins, quand il le fallait, se traduire en paroles d'une grande élévation. Il écrivait à son retour de Rome : « Mon séjour à Rome a été très court, mais j'en ai profité. Rome est plein de monuments artistiques, d'antiquités chrétiennes et de ruines païennes : elle est vraiment digne d'être la capitale de la chrétienté. Les ruines qui m'ont le plus frappé sont celles du Colisée, cet immense amphithéâtre où les païens rassasiaient leurs yeux du supplice des martyrs.

Au milieu de cette masse gigantesque qui atteste la grandeur et la puissance de l'empire romain, dans l'arène où tant de milliers de martyrs ont été immolés, se dresse une simple croix de bois : la faiblesse, l'humilité, la rigueur du christianisme, à côté de la force, de l'orgueil et de la mollesse du paganisme. Quel contraste! Quand on pense que cette croix de bois a vaincu le colosse romain, quand on la voit debout au milieu du Colisée en ruines, on ne peut s'empêcher de reconnaître la force divine que lui a communiquée le Sauveur du monde, et l'on s'oublie dans une profonde admiration. »

Cette piété extraordinaire, qui éclatait dans ses paroles, dans sa démarche, dans ses moindres actions, sur son visage habituellement animé de ce sourire bienveillant qui annonce une âme douce et paisible, avait, comme nous l'avons dit déjà, l'humilité pour base. Il fuyait les occasions de paraître aux yeux du monde, de se signaler à l'admiration des autres. On savait à Lyon, sa belle conduite lors des inondations de 1855; bien des personnes avaient pu constater quel courage et quel sang-froid il avait déployé pour chercher dans les quartiers inondés, avec une barque improvisée, de pauvres familles et les déposer en lieu sûr.

Mais peu de personnes savaient, qu'appelé à la préfecture du Rhône, pour recevoir la décoration qu'il avait si bien gagnée, il se déroba longtemps, et ne consentit à se présenter que lorsqu'on lui fit observer que son abstention blesserait les autorités. La médaille d'or qu'il reçut, les louanges qui lui furent unanimement décernées troublèrent son humilité, et il redoubla ses mortifications pour se punir, sans doute, des sentiments de vanité qu'il avait pu avoir, malgré lui, dans cette circonstance.

Il ne voulut même pas conserver la médaille et la donna à un de ses confrères pour faire un bain d'or destiné à la photographie.

Il cherchait à convaincre les autres de son néant et de sa misère. Répondant à quelqu'un qui lui avait envoyé ses vœux de nouvelle année en 1876, il disait : « Merci pour vos souhaits, si restreints qu'ils soient. Vous ne connaissez pas assez mon indigence spirituelle, à l'avenir, demandez pour moi plus que la santé. »

Il évitait soigneusement de se faire remarquer dans les actes de son ministère sacerdotal, cherchant à mettre un voile, le voile de l'humilité, sur toutes les bonnes œuvres qu'il accomplissait. Que de fois n'obtint-il pas, par sa douceur, sa persévérance, la conversion à l'article de la mort d'un malheureux éloigné de Dieu depuis longtemps? Il en témoignait vivement sa joie, mais il attribuait ce succès aux prières des personnes pieuses à qui il s'était adressé : « pour lui, disait-il, il n'avait été qu'un instrument bien imparfait dont Dieu avait daigné se servir. »

Il aimait surtout à faire ressortir les qualités de ses frères en saint François ou des personnes qui l'entouraient, trouvant ainsi, par le contraste qu'il semblait établir entre lui et les autres, un motif de plus d'humilité. Mais son plus grand bonheur était d'aller passer un jour entier à son couvent, et là se confondant dans la foule des religieux, d'oublier pendant quelques heures le poste important que ses supérieurs lui avaient confié.

L'humilité a toujours pour compagne la mortification sous quelque forme qu'elle soit, car la mortification est l'arme la plus sûre pour combattre l'amour-propre, la vanité et l'orgueil. Je n'ai pas l'intention de rappeler ici toutes les mortifications corporelles que s'imposait constamment le bon Religieux et qu'il savait d'ailleurs habilement dissimuler. Sa vie était une mortification continuelle; il ajoutait aux jeûnes très fréquents, imposés par la règle monastique, des jeûnes particuliers. Il jeûnait à certaines fêtes de prédilection, dans certaines occasions où il avait une grâce importante à obtenir, la conversion d'un malade, par exemple. Il jeûnait pour les autres, spécialement pour les membres de sa famille qui ne pouvaient le faire.

Il était mortifié dans ses repas, mangeant rapidement pour abréger le temps qu'il fallait consacrer à cette exigence de la nature (1), et ne se préoccupant jamais du goût ou de la qualité des aliments qu'on lui servait.

Quand il avait des invités, il savait par une conversation spirituelle, intéressante, détourner leur attention, et faire ainsi à l'insu des autres, ses mortifications favorites.

Quand il recevait quelques douceurs de ses amis ou de ses parents, il s'en privait tout naturellement

(1) Ce fut cette habitude de manger très vite qui lui occasionna probablement la maladie dont il mourut.

pour ses chères sourdes-muettes. Il écrivait en novembre 1869, à une de ses nièces : « La pâtisserie que vous m'avez envoyée par M. l'abbé Noël, a été mangée par quatre-vingt-quatorze personnes qui toutes en ont eu un bon petit morceau, et l'ont trouvée excellente. Les sœurs et les sourdes-muettes remercient beaucoup maman, ma sœur et vous. »

Il était mortifié dans ses affections de famille.

Invité à assister à la première messe de son neveu, il lui disait, répondant à de pressantes sollicitations : « Il me serait doux, certainement, de vous accompagner jusqu'au pays, de me réjouir avec vous, de voir mes sœurs et toute la famille; mais je crois de mon devoir, de sacrifier ce plaisir; m'absenter de mon poste est en tout temps chose grave. En ce moment c'est chose moralement impossible, à cause des malades que j'ai en ville.

Il y a une sourde-muette à l'hospice des Dames du Calvaire atteinte d'un horrible cancer. Je lui ai fait faire sa première communion, il y a une quinzaine de jours; elle vivra peut-être encore des mois, mais une hémorrhagie peut survenir et l'emporter en peu de temps. Cette personne est très peu instruite, elle ne peux s'expliquer qu'avec un prêtre mimologue. Mon cher ami, quand on est dans une œuvre de sourds-muets, on se trouve dans des conditions spéciales ; on est à peu près rivé à son poste. »

C'est par de telles réponses, devant lesquelles on devait forcément s'incliner qu'il décourageait les sollicitations des parents ou des amis. En quittant sa famille, il avait fait dans son cœur un généreux sacrifice. Il ne revint en effet qu'une fois au pays natal, appelé d'urgence auprès de sa mère, frappée d'une attaque d'apoplexie. Il ne fit qu'un séjour extrêmement rapide, pria et pleura à genoux, devant le lit de la malade, la bénit avec toutes les effusions de sa tendresse respectueuse et partit. Il ne revint pas même assister à ses derniers moments, deux ans après.

« Quand on est religieux, disait-il, on doit tout sacrifier et suivre Jésus-Christ ; on n'appartient plus qu'à ce divin Maître. » Et cependant il avait gardé pour tous les membres de sa famille une immense affection. Mais cette affection légitime, il la surnaturalisait ; il les aimait en Dieu et pour Dieu, il aurait voulu les savoir tous dévorés du zèle de la gloire de Dieu et du salut de leur âme ; il conseillait à l'occasion les uns et les autres, priant ardemment pour leur avancement spirituel (1).

A peine revenu à Lyon, de son voyage en Alsace et dans les Vosges, il mit en prières, pour sa mère bien-aimée, toutes les personnes de l'Asile. Il leur fit commencer une neuvaine. Il fit prier également les Capucines de Marseille, les Trappistines de Lyon et toutes les personnes pieuses qu'il connaissait. Il agissait ainsi chaque fois qu'il avait à solliciter une grâce pour les siens.

Il disait à une nièce : « Je pense souvent à vous tous, je vous bénis tous les jours. Pendant ma messe, je prie pour vous au Memento des vivants, et j'étends jusqu'à vous la bénédiction que je prononce sur les assistants avant le dernier Evangile. En tenant dans mes mains le Très Saint-Sacrement, je dis à notre bon Maître en vous désignant mentalement, ainsi que toutes les personnes de ma parenté : « Bénissez-les. » J'avoue que je ne vais pas vous voir, que je ne vous rends point de service ; mais c'est parce que étant seul à mon poste, je ne

(1) Apprenant qu'une de ses sœurs, habitant Paris, était à toute extrémité, il y courut et fut assez heureux pour la préparer lui-même à la mort et lui administrer les derniers Sacrements. Sa piété, ses exhortations, édifièrent profondément les assistants.

puis le quitter. Notre-Seigneur me supplée, j'en suis persuadé. Me retenant ici en qualité de son ministre auprès de ses pauvres sourds-muets, il fait pour vous tout ce que je ne puis faire ; moins je puis agir, plus il agit Lui-même. J'ai toujours pensé qu'en le servant comme il le désire, je sers ma famille. »

C'est avec de tels sentiments et de telles paroles qu'il avait peu à peu accoutumé sa famille au sacrifice absolu de celui de ses membres qu'elle chérissait le plus.

Non seulement il mortifiait son cœur, mais il mortifiait aussi son esprit. Il ne se permettait jamais de lectures inutiles, ne lisant de journaux que ce qui se rapportait directement ou à peu-près, à l'Eglise et aux âmes. Tout son travail intellectuel avait pour but la gloire de Dieu, le salut des âmes qui lui étaient confiées et sa propre mortification. Il se reposait d'une étude théologique, par une autre étude, dans les commentateurs des saintes Ecritures, l'*Histoire ecclésiastique* ou la *Vie des Saints*, et il faisait cela de longue date. Au grand séminaire déjà, on remarquait en lui, ce goût inné pour les études sérieuses, utiles à la gloire de Dieu et au salut des âmes. Il avait mis en tête d'un de ses cahiers, en

1846, (il était élève de première ou de deuxième année de théologie) les moyens suivants à prendre pour s'instruire :

1° Faire et écrire l'analyse de tout ce qu'on lit ;

2° Noter tout ce que l'on entend de remarquable ;

3° S'habituer à penser soi-même ;

4° Chercher ou demander toujours l'explication des termes que l'on ne comprend pas ;

5° Avoir divers cahiers pour y inscrire des notes philosophiques, théologiques, historiques, critiques, des textes d'Ecriture sainte, des saints Pères, etc...

6° Etudier avec humilité, et pour la gloire de Dieu, invoquer toujours les lumières de l'Esprit-Saint. Avoir un cœur pur et simple, etc...

Le R. P. Célestin, dont la volonté était de fer, la ténacité peu commune, et la vertu extraordinaire, s'instruisit ainsi à fond de ce qui pouvait lui être utile dans la conduite des âmes.

Sa conversation était loin d'être banale ; il avait des connaissances approfondies sur bien des questions religieuses, et comme sa mémoire était excellente, il mêlait à ses discours bon nombre de traits intéressants, d'anecdotes choisies, de mots spirituels, sans aucune recherche. D'ailleurs il s'oubliait profondément lui-même, en parlant, et souvent son regard s'élevait vers le ciel où il semblait puiser toute sa doctrine.

Dieu paraissait récompenser ainsi son admirable obéissance et sa parfaite résignation.

En 1873, il écrivait à sa famille : « je portais la soutane, depuis l'avénement au pouvoir des rouges de Lyon.

» Je viens de reprendre le costume franciscain.

» Mon supérieur qui, à cause de ma position exceptionnelle, m'avait dit de ne pas me presser, a jugé que le temps était venu pour moi de reparaître avec l'habit des pauvres de Jésus-Christ. Je l'avais quitté par obéissance, je l'ai repris par obéissance.

» J'obéirai toujours, car c'est en se soumettant à l'Eglise, qu'on marche dans le bon chemin et qu'on va à Dieu. »

On obtenait tout de lui, quand on mettait en avant la sainte obéissance, et il n'y avait pas d'obligations, quelque légères qu'elles eussent été, qu'il ne se fût ait un scrupule d'accomplir à la lettre. Il était, seul dans sa cellule, aussi strict observateur des règles franciscaines, qu'au milieu de ses frères.

A cette obéissance, il savait joindre une grande résignation. Elle éclata surtout pendant la longue ect ruelle maladie qui précéda sa mort. Son tempéra-

ment s'était usé à cette vie de continuelles fatigues
et de trop fréquentes mortifications. Plusieurs fois
déjà, il avait reçu de sérieux avertissements, du
médecin qui le soignait, mais il ne s'en préoccupait
pas outre mesure, et ne changeait rien ou presque
rien à l'austérité de son régime ordinaire. Son
estomac délabré digérait mal des aliments absorbés
avec trop de précipitation. Le danger devint sérieux
vers la fin de 1885, et un éminent praticien de Lyon
Monsieur le docteur Delore, jugea une opération
nécessaire. Il la fit avec le concours du docteur
Drey (1), médecin de la maison et de MM. de
Laroche et Burgat. Le bon religieux avait accepté
héroïquement cette effrayante opération, et s'y était
préparé par la prière et la réception des Sacrements.
Elle réussit au delà de toute espérance et, le 27
Janvier 1886, le R. P. Célestin écrivait à son neveu :
« C'est à vous que j'écris ma première lettre, depuis
que ma santé s'est un peu rétablie. En ce moment,
je vais assez bien. J'espère pouvoir bientôt célébrer
la sainte Messe et entendre quelques confessions.

(1) MM. Delore et Drey soignèrent le R. P. Célestin
avec un dévouement sans bornes. Qu'il me soit permis
de leur en témoigner ici toute ma reconnaissance.
A. R.

Pour que ma guérison soit complète, il faut un miracle, ou une nouvelle opération.

Inutile de vous dire que je préfèrerais le premier moyen. Je vous remercie de vouloir bien vous associer à la neuvaine que nous faisons en ce moment et qui se terminera le jour de la Purification. Espérons qu'elle aura d'excellents résultats comme les précédentes... » Le mieux s'accentua en effet de jour en jour, et le Père écrivait au même :

« Je vais aussi bien que je puisse aller dans ma situation. Voilà bien deux mois que je dis ma messe tous les jours ; je prêche assez souvent aux sourdes-muettes de l'Asile, je confesse aussi tous les jours. A quand ma guérison complète ? Dieu seul le sait. S'il me faut porter la croix de mon infirmité tout le reste de ma vie, je la porterai de bon cœur avec la grâce de Dieu. Le pèlerinage lyonnais à Lourdes partira le 24 mai prochain, je serai, j'espère, du nombre des pèlerins. Beaucoup de bonnes âmes prient pour moi, pour ma guérison. Si je sors guéri, de la piscine, ce sera un grand miracle... »

Il ne guérit pas, mais il éprouva un mieux sensible. Il put encore faire çà et là, une courte sortie, aller à Fourvière, mais il rentrait fatigué. Il se confina alors entièrement dans son asile de Vaise.

A l'asile, l'inquiétude augmentait de jour en jour. Il devenait évident, pour les moins clairvoyants que le « Père » baissait à vue d'œil. Le coadjuteur que le couvent lui avait donné, lors de sa maladie, constatait chez le saint religieux un affaiblissement progressif des forces physiques.

Mais sa volonté ne faiblissait pas, et son esprit demeurait toujours aussi lucide. Il était même devenu, après son opération, d'une humeur joyeuse, et plaisantait volontiers sur sa plaie et sur la situation pénible qu'elle lui avait occasionnée. Le médecin et les chirurgiens étaient émerveillés de cette gaieté si sincère, et trouvaient leur malade fort intéressant.

Il vint un jour où il dut de nouveau s'aliter.

Il se soumit avec une résignation admirable à la sainte volonté de Dieu. Obligé de consacrer un temps relativement considérable aux pansements que nécessitait sa plaie, il en demandait fréquemment pardon à Dieu, comme si c'eût été sa faute. A mesure que la santé diminuait, la piété grandissait. Il ne pouvait plus se livrer à ses exercices ordinaires, mais il unissait ses souffrances à celles de N.-S. Jésus-Christ. Il jetait constamment ses regards sur le crucifix, et baisait avec ardeur celui qu'il avait à portée de sa main. Il prononçait alors de fréquents actes d'amour de Dieu : « Seigneur, disait-il, Seigneur, mon Dieu, sauvez ma pauvre âme. » « Seigneur, mon Dieu, voyez ma misère, ayez pitié de moi, pardonnez-moi. »

« Mon bon Maître, je vous aime de tout mon cœu r.»

« Mon Dieu, voyez la situation où vous m'avez réduit, mais je ne me plains pas : oh! non, je ne me plains pas, je me soumets de tout mon cœur oui, j'accepte, et c'est sincèrement que je le dis Vous êtes bon dans tout ce que vous faites, vous êtes juste dans toutes vos voies. Je vous adore, je crois en vous, j'espère en vous, je vous aime de tout mon cœur, *oui*, de tout mon cœur. »

Il disait aussi à la très sainte Vierge. : « Marie, ma bonne Mère, Marie, mère de douceur, Mère aimable, Lis éclatant de blancheur, Rose vermeille du Paradis, je vous salue, protégez-moi maintenant et à l'heure de ma mort. »

« Mon Dieu, venez me chercher. Marie, ma Mère, venez me chercher, ayez pitié de votre pauvre petit enfant. Qu'est-ce que je fais ici-bas? »

Et aux Saints : « Saint Joseph, saint François, protégez-moi. Jésus, Marie, Joseph, secourez-moi. »

Il se préoccupait de moins en moins des affaires extérieures, et se renfermait en lui-même, sentant que sa fin approchait. Néanmoins, il dirigeait, de son lit, cette œuvre si chère, à laquelle il avait consacré toute son existence sacerdotale, et s'informait soigneusement des sourdes-muettes malades, ou de celles à qui il avait donné des soins spirituels plus particuliers en raison de leur infirmité plus grande. On devait tous les jours lui rendre compte de la marche de la maison, et des petits événements qui pouvaient intéresser le Directeur d'une communauté. Il conservait en outre ce zèle immense des âmes, dont il avait été embrasé toute sa vie. Aux quelques personnes qui obtenaient la faveur de lui faire une courte visite, aux religieuses de l'Asile qui le soignaient, aux frères que le couvent lui avait donnés pour l'assister dans sa maladie ou pour le remplacer dans ses fonctions d'aumônier, il savait adresser à propos un mot d'édification.

Mais comme son vénéré Père, en Notre-Seigneur, saint François d'Assise, il prêchait plus encore par ses exemples que par ses paroles. La patience évangélique avec laquelle il supportait de vives souffrances, son humeur douce et paisible, sa figure amaigrie où la douleur marquait son empreinte, mais où se peignait un perpétuel sourire, ses continuelles invocations au Sacré Cœur de Jésus, à la très sainte Vierge, aux saints qu'il aimait le plus, étaient pour ceux qui l'approchaient une éloquente prédication. Pendant sa maladie. Messieurs les abbés Lémann le visitaient tous les jours. Il était heureux de ces visites et disait souvent : « Ces Messieurs sont trop bons, de se déranger ainsi pour moi, mais j'aime les voir, il ont toujours de si belles et de si bonnes paroles à m'adresser. » En effet, dans leur charité sacerdotale, ils priaient tous les jours pour le malade, faisaient prier les enfants du pensionnat Forestier, et prenaient part aux neuvaines qui se succédaient les unes aux autres. Ils avaient d'ailleurs pour le R. P. Célestin une profonde estime, je dois dire plus, une véritable vénération et le considéraient comme un saint. Que Dieu les récompense de cette pieuse affection qu'ils ont constamment témoignée à son humble serviteur, en bénissant les œuvres catholiques dont ils sont les Apôtres zélés!

Au commencement de mars 1888, c'est-à-dire huit ou dix jours après qu'une crise violente de foie provoquée sans doute par un refroidissement, l'eût forcé de s'aliter complètement, il s'affaiblit

avec une effrayante rapidité. La Révérende Mère
Supérieure des religieuses m'écrivait à ce moment :

« Vous avez bien raison de vous inquiéter de
l'état de notre cher et bien-aimé malade... il souffre
beaucoup et ses souffrances nous brisent le cœur,
d'autant plus que nous ne pouvons rien faire pour
les adoucir. Cependant nous sommes pleines d'espoir et de confiance en Dieu, malgré la gravité de
son état. Le bon Maître, après nous avoir éprouvées,
nous consolera en nous laissant notre Père : il
sait combien nous en avons besoin... »

Ces espérances ne devaient pas tarder à s'évanouir, car la même vénérée Supérieure, écrivait peu
de jours après : « L'état du malade va toujours en
s'aggravant, il est très oppressé, il nous annonce
sa mort prochaine, et se dit déjà en agonie. Rien
n'indique néanmoins que la fin soit si proche, et à
moins de nouvelles crises, il vivra quelque temps
encore. Mais comment vous dépeindre notre anxiété
et notre désolation à la seule pensée de le perdre ?
Oui, vous avez raison de le dire, c'est un saint ! il
achève en ce moment son Purgatoire et il embellit
sa couronne... »

Le dénouement fatal approchait : quelques jours
encore, et le bon religieux allait se jeter dans le

sein de Dieu par la porte douloureuse de la mort. A l'Asile et au pensionnat Forestier, on était atterré; les sourdes-muettes n'interrompaient pas leurs prières. Quant au pieux malade, il se préparait de plus en plus à la mort. Il avait reçu de la main du R. Père Evariste, les derniers Sacrements, l'indulgence plénière et comme suprême récompense de son immense amour pour le chef visible de la sainte Eglise, la bénédiction du Souverain Pontife.

Il perdit connaissance peu de temps après, et demeura ainsi une journée entière et une nuit. Il entendait cependant, comprenait ce qu'on lui disait et reconnaissait les personnes présentes. Les crises s'étant fréquemment renouvelées, la paralysie du cerveau était devenue à peu près complète, le côté droit aussi se paralysait.

L'agonie commença : il était calme, un doux sommeil semblait mettre un terme à ses souffrances ; çà et là, ses lèvres, s'agitaient sans proférer aucun son. Autour de lui, priant avec ferveur, et les larmes aux yeux, se tenaient le R. P. Evariste, M. l'Abbé Augustin Lémann et les huit religieuses de l'Asile. C'était le lundi, 12 mars 1888. Il mourut à neuf heures et demie du matin. Dans cette cellule où tant de fois, il avait prié, la douleur éclata, mais elle était adoucie par le spectacle de cette mort si douce, si sainte. Le bon Religieux avait tant de fois dit : « *Moriatur anima mea, morte justorum!* » que le Dieu qui récompense ceux qui le servent, lui avait accordé la « mort des justes » en réalisation de ses pieux désirs.

Les funérailles eurent lieu le mercredi 14 mars 1888. La levée du corps fut faite par le clergé de l'église paroissiale de l'Annonciation, et la messe fut chantée par le très Révérend Père Provincial.

Le deuil était conduit par son neveu : M. l'abbé Retz, curé d'Héricourt, et ses cousins germains, MM. Léon et Aristide Charton, une délégation des capucins, ses frères en religion, MM. les abbés Lémann et MM. les Administrateurs de l'Asile. A leur suite venaient des délégués de presque toutes les maisons religieuses de Lyon, toutes les sœurs de l'Asile avec les sourdes-muettes, le pensionnat Forestier et une foule de personnes que le bon Père avait connues et auxquelles il avait sans doute été utile.

Il fut déposé à Loyasse.

Au moment où le cercueil disparaissait, les sanglots, longtemps contenus, éclatèrent de toutes parts : Religieux et laïques pleuraient ce père si bon, si doux, si dévoué.

Les larmes des sourdes-muettes auxquelles il a consacré trente années de sa vie, la douleur et les chagrins que leur cause cette mort, les regrets qui sont encore si vifs à l'Asile de Vaise, deux ans après la disparition du R. P. Célestin, montrent à notre génération insouciante et incrédule, la place immense que la vertu sait se faire dans les cœurs, à l'aide de l'humilité et du dévouement.

EXTRAIT DE L'*EXPRESS* DE LYON

Le R. P. Célestin. — On vient de conduire à sa dernière demeure, un saint homme, le R. P. Célestin de La Broque de l'ordre des Capucins.

En 1855, le R. P. Charles, également de l'ordre des Capucins, fondait à Vaise, l'asile des sourdes-muettes; mais la mort le surprit avant que son œuvre fût achevée. Le R. P. Célestin se dévoua à l'œuvre fondée par le R. P. Charles.

Sans jamais se laisser décourager par les déboires de toutes sortes, avec une énergie puisant sa source dans la religion et la charité, il est parvenu à achever et à organiser l'asile des sourdes-muettes qui compte aujourd'hui plus de cent pensionnaires.

Très simple et d'une grande modestie, le R. P. Célestin fut très étonné lorsque pour sa belle conduite, pendant les inondations de 1856, il reçut une médaille d'or. Il avait cru, en se dévouant ne faire que son devoir, car le dévouement était sa vie tout entière.

Le R. P. Célestin a en outre été pendant trente ans attaché en qualité d'aumônier à l'institution des sourds-muets Forestier, où il était adoré par les élèves, et où son souvenir sera pieusement conservé.

EXTRAIT DE L'ÉCHO DE FOURVIÈRES

N° du 24 mars 1888

Mercredi, 14 mars, les RR. PP. Capucins de Lyon accompagnaient à sa dernière demeure le R. Père Célestin de la Broque, pieusement endormi dans le Seigneur à l'âge de 64 ans.

La vie de ce vénéré Père s'est écoulée humble et ignorée, à l'Asile des sourdes-muettes de Vaise. Cet établissement fut fondé par le R. Père Charles des Frères Mineurs Capucins en 1855. Lyon a gardé le plus précieux souvenir de ce saint religieux aux manières affables et distinguées. Sa mémoire est restée en bénédiction au sein de la population lyonnaise. Au moment où le bon Père Charles pensait à parachever son œuvre, l'Ange de la mort lui ouvrit les portes de l'Eternité. Que deviendra cette Œuvre si laborieusement commencée? Les Œuvres de Dieu ne doivent pas périr. La divine Providence avait jeté les yeux sur un homme qui, joignant une humilité profonde à

une énergie et une patience peu communes, devait
lui donner son entier développement.

Nous ne pouvons faire connaître tous les trésors de
vertu cachés dans le cœur de ce digne successeur du
Père Charles : Il n'est donné qu'à Dieu et aux Anges,
de lire dans ce sanctuaire intime de l'âme. Mais sa
piété profonde se révélait dans tout son extérieur.
Qui ne se rappelle sa tenue si grave, si recueillie! Sa
vue seule inspirait un sentiment religieux.

Dans toutes les positions qu'il occupa, dans toutes
les charges qu'il remplit, le R. P. Célestin se montra
constamment le même. C'est que sa vie avait une règle qui ne change pas au gré des circonstances et des
hommes. Ce qui, en effet, le distingua surtout, ce fut
une grande délicatesse de conscience, une droiture,
nous pourrions dire une honnêteté rare et digne des
anciens temps, une fermeté inflexible dans l'accomplissement de ce qu'il regardait comme un devoir. Il
fut l'homme simple, craignant Dieu et fuyant le mal,
dont parle l'Ecriture. Content du témoignage de sa
conscience, ne voulant plaire qu'à Dieu, il ne recherchait pas les approbations du dehors et n'aimait pas
à occuper les autres de lui-même. Modeste, ennemi
du bruit et de l'éclat, il ne parla jamais de ses succès.
Décoré pour sa belle conduite, lors des inondations de
1856, l'obéissance seule put le contraindre à se présenter à la préfecture du Rhône, pour recevoir sa dé-

coration. Qu'est devenue cette décoration? Il l'a donnée a un de ses confrères, pour faire un bain d'or,
destiné à la photographie. Sévère pour lui-même, il
était bon et charitable pour tous; il ne se permettait
jamais, et il supportait péniblement de la part des
autres, des critiques et des plaisanteries qui pouvaient
blesser la charité.

Cet homme qui paraissait froid au premier abord,
avait l'âme aimante. Ses affections étaient fortes et
durables et il avait dans l'intimité la candeur et la
naïveté d'un enfant. Son désintéressement égalait sa
charité.

Qui pourra jamais apprécier le bien qu'a opéré dans
l'âme des pauvres sourdes-muettes, le R. Père Célestin, admirablement secondé par les Sœurs de Saint-
Joseph que lui-même a appelées à l'Asile de Vaise?
L'Œuvre du bon Père Charles est en pleine florai-
son; plus de 200 sourdes-muettes doivent le bonheur
du ciel aux soins tendres et délicats de cet homme
de Dieu.

L'Institution Forestier a une large part dans le bien
qu'a opéré le Père Célestin auprès des pauvres sourds-
muets. C'est là que le Révérend Père Célestin a appris
le langage mimique; là encore, pendant trente ans,
il exerça son ministère comme aumônier.

Pendant deux ans, Dieu éprouva son fidèle serviteur comme l'or est éprouvé par le feu. Affligé d'une

infirmité cruelle survenue à la suite d'une opération terrible, le Père Célestin a été littéralement cloué sur la croix avec son divin Maître. Et, pas une plainte n'est tombée de ses lèvres. Ah! qu'il faisait bon l'entendre parler amoureusement à son doux Sauveur; que d'affection, que de tendresse dans ses gémissements, quelle clarté du ciel dans son regard. O mon bon Maître, je me soumets, disait-il souvent; je veux ce que vous voulez; si vous désirez que je souffre davantage, je le veux bien. Quels élans vers le cœur de sa divine Mère! avec quel transport il chantait le *Salve Regina*.

A divers symptômes, survenus ces derniers temps, le R. Père Célestin comprit que le Seigneur lui annonçait sa venue. Le bon serviteur était prêt sans doute, mais après ce premier cri de la soumission : Que la volonté de Dieu soit faite, il se hâta de faire sa préparation prochaine à la mort, avec un calme, je dirai même avec une méthode parfaite.

Avec la foi la plus vive, et les élans d'un amour vraiment séraphique, le R. P. Célestin reçut pour la dernière fois le suprême Consolateur. Heureuses les âmes qui ont eu le bonheur d'assister aux derniers moments de cet homme de Dieu. Cette mort est de celles qui sont précieuses devant le Seigneur. Sa mémoire sera toujours en bénédiction dans le saint Asile, qui, pendant 3o ans, a été le témoin de ses éminentes vertus.

P. E.

PREFACE

L'Eglise, dépositaire de la révélation divine, nous apprend qu'il y a un ciel pour récompenser éternellement les justes après la mort et un enfer pour punir éternellement les méchants.

Cet enseignement de l'Eglise est conforme à la croyance du genre humain, dans tous les temps et dans tous les lieux.

L'homme n'est donc qu'un voyageur sur la terre et sa vie n'est qu'une marche vers le ciel ou vers l'enfer, selon qu'elle est chrétienne ou ne l'est pas

Le vrai sage marche vers le ciel, l'insensé vers l'enfer.

Le but de cet opuscule est d'aider le vrai sage à persévérer et l'insensé à devenir sage en lui suggérant de salutaires résolutions.

Parmi ces résolutions les unes ont pour objet des choses *obligatoires*, les autres des choses de *conseil*.

Nul n'est en droit de refuser de prendre les premières; quant aux dernières ,elles sont facultatives. Prenez-les néanmoins, cher Lecteur, et mettez-les en pratique. L'habitude vous en rendra l'accomplissement facile et agréable et le fruit que vous en retirerez sera extrêmement précieux.

PRIÈRE A SAINT JOSEPH.

Grand Saint, vous êtes l'ami des âmes et vous leur venez en aide de tout votre pouvoir, qui est immense, car que peuvent vous refuser Jésus et Marie que vous avez servis avec tant de dévouement sur la terre? Plein de confiance en vous, je mets cet opuscule sous votre protection, vous priant de faire, par votre intercession auprès du Seigneur qu'il produise beaucoup de bons fruits parmi les fidèles.

I

Je m'attache à Dieu pour toujours et je mets en lui,
mon espérance.

Dieu est ma fin, car il m'a créé pour le connaître, l'aimer, le servir et se donner à moi en récompense. « Tu aimeras le Seigneur ton Dieu de tout ton cœur, me dit-il, et je serai ta récompense, grande à l'infini (1). » Ma fin est donc la plus noble, la plus avantageuse, la plus excellente de toutes les fins possibles.

Dieu est tellement ma fin que je ne puis trouver mon bonheur qu'en lui. « Vous nous avez faits pour vous, Seigneur, disait saint Au-

(1) Deut. VI. 5. Marc XII-30. Genèse, XV-1.

gustin, et notre cœur est sans repos tant qu'il ne repose pas en vous (1). »

Les créatures sont bonnes, mais imparfaites, passagères et incapables de me rendre heureux. Elles doivent m'aider à atteindre ma fin et non m'en détourner; je serais un insensé de m'attacher à elles, de mettre en elles mon espérance. Mon Dieu! c'est vous qui êtes ma fin. Vous êtes mon Dieu et mon tout; c'est à vous que je m'attache; je vous donne mon cœur; c'est en vous que j'espère.

Je m'attache à vous par *justice*, car vous êtes mon Créateur et mon Souverain; je vous appartiens tout entier.

Je m'attache à vous par *sagesse*, car seul vous êtes l'Eternel, la vérité, le bien, l'auteur et la source de tout bien : « Ceux qui s'éloignent de vous périront (2). » Ils verront leurs espérances s'évanouir et tomberont pour l'éternité dans l'abîme du malheur. « Mon bien est

(1) Confessions. Ch. 1.
(2) Ps. LXXII. 22.

de m'attacher à Dieu, de mettre dans le Seigneur Dieu, mon espérance (1). »

Je m'attache à vous par *amour*, ô Bonté infinie! Beauté infinie! Souveraine et infiniment aimable amabilité!

Je m'attache à vous par *reconnaissance*, ô Dieu, qui m'avez aimé de toute éternité, qui m'avez créé dans le temps, à votre image, qui m'avez racheté, fait votre enfant et votre héritier. Que de merveilles n'avez-vous pas accomplies pour me sauver! Votre bonté et votre miséricorde pour moi ont été sans bornes.

Je m'attache à vous *pour toujours*, « ô le Dieu de mon cœur et mon partage pour l'éternité (2). »

Je m'attache à vous *par-dessus tout*: plutôt tout perdre, la vie même, comme les saints martyrs, que de me séparer de vous. Votre amour règnera toujours dans mon cœur et toutes mes affections lui seront toujours subordonnées.

(1) Ps. LXXII. 28.
(2) Ps. LXXII.

Seigneur Dieu, Roi du ciel et de la terre, Roi immortel des siècles, qui, aimez les âmes, qui êtes fidèle dans vos paroles et saint dans toutes vos œuvres, je vous aime de tout mon cœur, je m'attache à vous de tout mon cœur, je mets en vous mon espérance. Daignez me soutenir dans *toutes* les épreuves auxquelles il vous plaît de me soumettre ; faites par votre grâce, ô Père très miséricordieux que je me rende continuellement digne de votre amour et mérite d'être agrégé, après ma mort, à l'aimable société de vos Elus. Je veux être avec vous à jamais, je veux être du nombre de ceux qui vous aimeront et vous béniront dans les siècles des siècles. « Comme le cerf soupire après les sources des eaux, ainsi mon âme soupire après vous, ô mon Dieu. Mon âme a soif du Dieu fort, vivant : quand viendrai-je et paraîtrai-je devant la face de Dieu (1)?

(1) **Ps. XLI.**

II

Je travaillerai sans cesse à mon salut.

Dieu m'a créé sans moi, mais il ne me sauvera pas sans moi.

Il faut que je coopère à l'œuvre de mon salut; c'est-à-dire qu'avec le concours de Dieu, je me rende digne du ciel, par une vie chrétienne.

Si je me sauve, je serai éternellement heureux dans le ciel; si je me perds, je serai éternellement malheureux dans l'enfer.

Le temps d'opérer mon salut, c'est le moment présent, car après ma mort, qui arrivera certainement, aujourd'hui peut-être, ce sera trop tard.

Sauver mon âme, voilà évidemment ma

grande affaire ici-bas. Ne pas la sauver, ce serait le comble de la folie.

Je travaillerai donc constamment à mon salut; j'emploierai pour réussir les moyens nécessaires, j'éviterai toute négligence. « Opérez votre salut avec crainte et tremblement, disait saint Paul aux Philippiens (1).»

Pour me sauver, il faut que je le veuille sérieusement : « Vous vous sauverez en le voulant d'une volonté efficace, dit un jour saint Thomas d'Aquin à sa sœur, car cette volonté efficace vous fera prendre les moyens nécessaires à cet effet. »

Je rapporterai toute ma vie à cette suprême affaire de mon salut et je lui subordonnerai toutes mes affaires temporelles.

Rien ne m'arrêtera. Avec la grâce de Dieu, je surmonterai toutes les difficultés. « Je puis tout en celui qui me fortifie (2). »

Seigneur Jésus, mon adorable Sauveur, sou-

(1) Ch. 11.
(2) Aux Philip. iv. 13.

tenez-moi dans la lutte, protégez-moi à l'ombre de vos ailes; donnez-moi la victoire : je mets en vous toute ma confiance. Ne permettez pas que je me perde, ô vous qui m'aimez, vous qui avez versé votre sang pour me sauver ; faites, par votre grâce que je vive et que je meure dans votre amour, que je sois avec vous dans le temps et dans l'éternité.

Paroles de mon divin Maître :

« Cherchez premièrement le royaume de Dieu et sa justice et toutes ces choses (la nourriture et le vêtement) vous seront données par surcroît (1). »

« Amassez-vous des trésors dans le ciel où ni la rouille, ni les vers rongent et où les voleurs ne fouillent, ni ne dérobent (2). »

« Et que sert à l'homme de gagner le monde entier s'il perd son âme ! Ou que donnera l'homme en échange de son âme? Car le Fils de l'homme viendra dans la gloire de son Père avec ses anges, et alors, il rendra à chacun selon ses œuvres (3). »

(1) Matthieu, vi. 33.
(2) Matthieu, viii.
(3) Luc, xvi.

Paroles de saint Grégoire, Pape.

« Elles sont trompeuses, les richesses qui ne peuvent rester longtemps avec nous, elles sont trompeuses les richesses qui ne chassent pas l'indigence de notre esprit. Les seules vraies richesses, son[t] celles qui nous font riches en vertus. Si donc, mes très chers Frères, vous voulez être riches, aimez les vraies richesses. Si vous cherchez le faîte du vrai bonheur, dirigez vos pas vers le céleste royaume. Si vous aimez la gloire des dignités, hâtez-vous d'assurer votre place dans les hauteurs de la cour des Anges (1). »

Histoires

Saint Antoine de Padoue ayant un jour à prêcher aux funérailles d'un usurier, prit pour sujet du discours ces paroles de l'Evangile : « Où est votre trésor, là est aussi votre cœur (2). » Comme il était en train de développer cette vérité, il appliqua aux défunts les paroles suivantes de l'Evangile selon saint Luc : « Ce riche vint à mourir et il fut ense-

(1) St Grégoire, pape, homélie 15e, sur les Evangiles.
(2) Matth. vi.

veli dans l'enfer (1). » Puis il ajouta : « Allez voir le trésor de ce riche et vous y trouverez son cœur enfermé, quoique son corps soit déjà dans la terre. » Les parents et les amis du défunt allèrent voir et y trouvèrent en effet son cœur encore chaud au milieu de son trésor.

Guillaume de Vorillong raconte du célèbre Scott qu'il rencontra un jour un paysan qui blasphémai en semant de l'orge, et que l'ayant repris doucement de sa faute, cet impie lui répondit qu'il avait beau l'exhorter, que ce serait inutile, parce qu'il savait bien que si Dieu avait prévu sa réprobation, il serait damné et que ses œuvres ne lui pourraient servir de rien, puisque la volonté de Dieu s'accomplirait toujours sur lui, selon qu'il l'aurait déterminé. Le pieux docteur après l'avoir écouté fort paisiblement reprit son mauvais raisonnement et lui dit que si ses œuvres étaient inutiles pour son salut, parce que Dieu avait prévu ce qu'il devait devenir, c'était mal à propos qu'il s'occupait à cultiver la terre, puisque Dieu savait le fruit qu'elle devait porter et que ni par sa peine, ni par son industrie, il ne serait ni plus grand, ni plus petit, mais tel que Dieu l'avait vu et déterminé. Cette sage réponse fit taire ce paysan

(1) Luc, xvi.

qui faisait le théologien, et le rendit capable de l'instruction et de la correction qui lui étaient nécessaires (4).

Un jour, à Bruxelles, le général Lamoricière penché sur une carte géographique, marquait les progrès de l'armée française en Crimée. Pour assujettir sa carte déroulée, il avait employé ses livres favoris : le catéchisme d'abord, son livre de messe, l'*Imitation de Jésus-Christ*, et un volume du P. Gratry.

A la vue de ces ouvrages, un ancien collègue, qui l'avait connu avant sa conversion, ne put dissimuler sa surprise.

« Eh bien ! oui, dit le général ; j'en suis là ; je m'occupe de cela ; je ne veux pas rester comme vous, le pied en l'air, entre le ciel et la terre, entre le jour et la nuit. Je veux savoir où je vais, à quoi m'en tenir et je n'en fais pas mystère. »

On lit dans la vie de saint Philippe de Néri, qu'un jeune homme, nommé François Spazzara, se livrait avec ardeur à l'étude du droit. Rien n'était négligé de sa part pour s'y perfectionner et parvenir par là

(1) Wadingue, *Annales des Frères Mineurs.* x.-11., 1308.

aux premières charges de la cour pontificale. Un jour saint Philippe le fit venir; il lui fit des caresses extraordinaires et lui parla de ses grands projets de fortune, ajoutant toujours : « que vous êtes heureux, vous étudiez maintenant ; bientôt vous serez docteur et vous commencerez à gagner; vous avancerez votre famille, vous deviendrez avocat, et vous pourrez un jour entrer dans la prélature : que vous êtes heureux ! » Il lui détaillait ainsi successivement toutes les grandeurs que le monde pouvait lui donner et dont l'idée avait passé par la tête du jeune homme. Et il répétait toujours : « que vous êtes heureux ! » François s'imaginait que le Saint parlait sérieusement.

Mais à la fin, Philippe le pressant contre son cœur lui dit à l'oreille : Et après ! Ces deux mots restèrent si profondément gravés dans l'âme du jeune François que, étant de retour chez lui, il commença à se redire à lui-même : « j'étudie maintenant pour m'avancer dans le monde : et après ! » Il passa ainsi en revue tous ses projets et toute cette longue suite de grandeurs que son imagination lui représentai, sans pouvoir ôter de son cœur ces deux mots : Et après ! Convaincu du néant de toutes les grandeurs, il résolut de tourner toutes ses pensées vers Dieu.

Il accomplit en effet sa résolution en entrant dans la Congrégation de l'Oratoire où il vécut et mourut saintement.

III

*J observerai toute ma vie les commandements de Dieu
et de l'Eglise*

Celui qui aime Dieu observe ses commandements, il a la charité. Si je n'observais pas les
commandements de Dieu, je n'aurais pas la
charité. N'ayant pas la charité que serais-je?
« Sans la charité, je ne suis rien », disait saint
Paul (1). « Crains Dieu et observe ses commandements, dit l'Ecclésiaste, car c'est là tout
l'homme (2). »

Il faut que j'observe les commandements de
Dieu pour aller au ciel : « Si tu veux entrer
dans la vie, garde les commandements. »

(1) 1ʳᵉ Epitre aux Corinthiens, xiii. 2.
(2) Eclésiaste, xii.

Telle fut la réponse de Jésus-Christ à quelqu'un qui lui demandait ce qu'il devait faire de bon pour avoir la vie éternelle (1). Et dans son *Sermon sur la montagne* il enseigne la même vérité en ces termes : « Ce ne sont pas tous ceux qui me disent : Seigneur, Seigneur, qui entreront dans le royaume des cieux ; mais celui qui fait la volonté de mon Père, qui est aux cieux, celui-là entrera dans le royaume des cieux (2). »

Il faut aussi que j'observe les commandements de Dieu pour être heureux sur la terre. Ils sont faits selon la vérité et l'équité. Si je les garde, ils me garderont ; je jouirai d'une grande paix, Dieu me bénira : « Sa miséricorde se répand d'âge en âge sur ceux qui le craignent », dit la sainte Vierge dans son cantique.

« Heureux l'homme, dit le Psalmiste, qui n'est pas allé au conseil des impies, qui ne s'est pas arrêté dans la voie des pécheurs, qui ne s'est pas assis dans la chaire de pestilence.

(1) Matthieu, xix.
(2) Matthieu, vi 21.

Mais dont la volonté est dans la loi du Seigneur et qui médite cette loi le jour et la nuit.

« Il sera comme l'arbre planté près des courants des eaux, qui donnera son fruit en son temps, et sa feuille ne tombera pas et tout ce qu'il fera prospèrera.

« Il n'en est pas ainsi des impies ; non, il n'en est pas ainsi, mais ils sont comme la poussière que le vent emporte de la face de la terre (1). » Ainsi s'exprime le Psalmiste.

On lit au Livre des Proverbes que : « La justice élève une nation ; mais que le péché fait les peuples malheureux (2). »

Dans le Deutéronome, le Seigneur menace les violateurs de sa loi, de la famine, de la peste, de diverses maladies, de la sécheresse et d'autres maux encore. Il dit notamment : « Tu jetteras beaucoup de semences dans la terre et tu en recueilleras peu, parce que les sauterelles dévoreront tout.

« Tu planteras une vigne et tu la laboureras ;

(1) Ps. 1.
(2) xiv-34.

mais tu ne boiras pas de vin, et tu n'en recueilleras rien, parce qu'elle sera ravagée par les vers (1). »

A l'observation des commandements de Dieu, je joindrai celle des commandements de l'Eglise.

Obéir aux Pasteurs de l'Eglise, c'est obéir à Jésus-Christ de qui ils tiennent leur mission et leur autorité. Etant conduite par le Saint-Esprit, l'Eglise est pleine de sagesse dans tout ce qu'elle ordonne pour la gloire de Dieu et la sanctification des fidèles.

J'observerai toujours ses commandements avec une soumission filiale. J'éviterai avec soin toute omission qui ne serait *pas justifiée par un empêchement légitime*. Mon Dieu, imprimez votre sainte loi dans mon cœur ; faites que je la chérisse, que je la préfère à l'or et à l'argent, à tous les vains plaisirs du monde. Aidez-moi, ô mon Père, à l'accomplir fidèlement toute ma vie et, par là, à mériter de vous entendre me

______

(1) Deutéronome, **xxviii**. 39.

dire après ma mort : « Serviteur bon et fidèle,
entre dans la joie de ton Maître (1). »

*Exemples touchant la sanctification du dimanche
et des fêtes.*

On lit dans les *Petites Lectures de la Société de
St-Vincent de Paul*, l'histoire édifiante que voici :

« Un brave homme que nous connaissons dans
un village, cordonnier de son état, resté veuf avec
vingt-quatre enfants et petits-enfants, ne travaillait
jamais le dimanche. Il nous disait dernièrement,
qu'avec la grâce de Dieu et le courage qui ne lui
avaient jamais manqué, il avait pu élever sa nombreuse famille, et nous racontait avec une char-
mante simplicité ce qui un jour lui était arrivé.

« Je travaillais pour un capitaine en retraite. On
lui dit que je ne travaillais pas le dimanche. Alors
lui de dire et même de parier qu'il me ferait travailler ce jour là. Il me fait appeler et me demande
de travailler le lendemain qui était un dimanche,
parce qu'il avait absolument besoin de ce qu'il me
commandait. Je me défends pendant longtemps :

(1) Matth. xxv.

une discussion s'engage et il va jusqu'à me dire :

«Ne mangez-vous pas le dimanche? vous êtes bien en retard sur votre siècle! » Je lui répondis que je mangeais meilleur le dimanche parce que c'était le dimanche, et j'ajoutai : « Monsieur, j'ai dix enfants, j'ai besoin de travailler plus que personne : Eh bien! vous me donneriez cinquante francs de l'heure, que je ne travaillerais pas plus pour vous que pour d'autres, et si je perds votre pratique, j'en retrouverai d'autres. » Il ne sut que répondre ; il ne m'a pas quitté et en plus il a perdu son pari. »

Cet exemple prouve ce que l'on peut faire avec le courage et la ferme volonté d'accomplir son devoir. Nous ajouterons que cet excellent chrétien et non moins bon père de famille, trouvait encore le temps de servir tous les jours la messe de son curé et de visiter les malades. »

Le célèbre Berryer, membre de l'Académie française et l'un des plus grands orateurs du dix-neuvième siècle, assistait très régulièrement à la messe le dimanche. Un prêtre du clergé de Bordeaux raconte à son sujet l'anecdote suivante : « Un jour je reçus une lettre datée de Bayonne et signée de Berryer. Le grand Orateur m'écrivait qu'il se rendait à Paris, où il devait plaider, le lundi suivant, une affaire de la dernière importance. Le train devait s'arrêter à Bordeaux à midi précis. Il me demandait comment il fallait qu'il s'y prît pour ne pas manquer la messe. Je répondis à M. Berryer que je me trouverais à midi dans une église que je lui indiquai, et qui est, de celles de Bordeaux, la plus rapprochée de la gare. J'ajoutais que je monterais à l'autel dès qu'il serait arrivé et que je me munirais de l'autorisation nécessaire, pour célébrer, en cas de retard, la messe à une heure un peu insolite. A midi dix, Berryer arrive avec trois voyageurs qu'il avait trouvés en wagon et qu'il avait engagés à le suivre. Après la messe, le grand orateur entra à la sacristie, me remercia affectueusement, puis après m'avoir serré la main, me demanda la permission de m'embrasser. « Voyez-vous, me dit-il, Monsieur l'abbé, je ne serais pas tranquille si j'avais laissé passer le dimanche sans entendre la messe. »

Dans un temps où l'illustre général Lamoricière vivait à Bruxelles, Thers arriva de Paris pour le voir, et le soir même de son arrivée, lui écrivit un mot pour le prier de venir le trouver le lendemain, dimanche matin à 7 heures. « Je vais à Waterloo, lui disait-il, j'ai besoin de vous pour mieux étudier le champ de bataille que je vais décrire. » Lamoricière lui répondit : « Je serai chez vous demain, non pas à sept heures, mais à huit, parce que je vais à la messe. »

Violation du dimanche punie

Trois marchands de Gubbio en Italie, s'étaient rendus à une foire qui se tenait au bourg nommé Cisterno. Après avoir fait leurs emplettes, ils délibérèrent ensemble sur le départ. Deux d'entre eux furent d'avis de partir le lendemain de grand matin afin d'arriver le soir au logis ; le troisième déclara que le lendemain étant un dimanche, il ne se mettrait pas en route sans avoir préalablement entendu la messe ; il exhorta même ses compagnons à s'y rendre également, afin de pouvoir retourner ensemble, comme on était venu, ajoutant qu'après avoir satisfait à ce précepte et pris un bon déjeuner, on partirait plus content ; qu'après tout, si l'on ne pouvait arriver avant le soir à Gubbio, il ne manquait pas d'auberges sur la route. Ses compagnons refusèrent de se rendre à un avis si sage et si salutaire ; voulant absolument arriver chez eux le même jour, ils répondirent que si pour cette fois ils se privaient d'entendre la messe, Dieu aurait

pitié d'eux. Ainsi donc, le dimanche avant l'aube,
ils montèrent à cheval sans avoir seulement mis les
pieds dans une église et reprirent la route de leur
pays. Ils arrivèrent bientôt drès du torrent de Con-
fuone que la pluie tombée pendant la nuit avait
gonflé outre mesure à tel point que le courant, eu
battant avec violence le pont de bois l'avait ébranlé
assez fortement. Néanmoins, ils y montèrent tous
deux; mais à peine y étaient-ils que l'impétuosité
du torrent emporta le pont avec les cavaliers et les
engloutit. Les paysans accoururent au bruit du dé-
sastre et à l'aide de crochets parvinrent à retirer les
cadavres de ces malheureux qui venaient de perdre
à la fois leur fortune, leur vie et peut-être aussi leur
âme; on les déposa sur le bord du torrent en attendant que quelqu'un les réclamât et leur procurât
la sépulture. Entre-temps, le troisième négociant,
qui était resté à Cisterno pour entendre la messe,
après avoir accompli ce devoir, s'était mis joyeu-
sement en route, et il ne tarda pas à arriver auprès
du torrent, où il fut frappé tout d'abord par l'as-
pect des cadavres. S'étant arrêté pour les considérer attentivement, il reconnut ses compagnons de
la veille. Il entendit avec une vive émotion le récit
du funeste accident dont ils avaient été victimes, et,

élevant les mains au ciel, il rendit grâce à la bonté
divine de l'avoir préservé du même malheur; mais
surtout il bénit mille et mille fois cette heure qu'il
avait consacrée à remplir ses devoirs religieux et
ne manqua pas d'attribuer sa conservation au saint
Sacrifice de la messe. De retour dans son pays, il
y répandit la nouvelle du tragique événement, qui
excita dans tous les cœurs le plus vif désir d'assister
tous les jours à la messe (1).

En 1864, il y avait à Villeneuve l'Archevêque,
près de Sens, une vieille femme qui non seulement
ne sanctifiait pas les dimanches et les fêtes, mais
encore tournait en ridicule ceux qui les sancti-
fiaient.

Or il advint qu'un dimanche, un orage éclata sur
la ville. Cette impie, qui venait de se moquer publiquement de deux personnes fort respectables qu'elle
voyait aller à la sainte messe, se mit à blasphémer
Dieu, au milieu des éclairs et des grondements du
tonnerre. Tout à coup, la foudre tombe sur elle, lui
brûle la bouche d'abord, puis la consume tout entière.

Le P. Antoine, prédicateur fort connu, racontait

(1) Lobner, tome, II, tit. 64.

naguère dans une de ses missions, un terrible châtiment qui a frappé, le jour de l'Ascension 1878, un obstiné violateur du dimanche : pendant que ses voisins se rendaient à la messe, ce pauvre mécréant prit son hoyau, sorte de pioche à deux dents et partit pour sa vigne, en disant aux passants. « Voici un outil qui fait plus d'ouvrage que votre messe. »

Le soir en rentrant dans sa maison, il dépose son outil au bas de l'escalier et monte ; mais arrivé à la dernière marche, il glisse, roule du haut de l'escalier en bas et va donner de la tête contre son outil. Les dents du hoyau entrèrent dans son crâne et il mourut sur le coup.

Ce fait, disait le père Antoine, est une réalisation de cette parole des Livres saints : « L'instrument de son péché devint celui de son châtiment. »

L'aveu implicite du conseil municipal de Paris, touchant la protection que l'Eglise accorde à la nature et à la Société, en ordonnant le repos du dimanche, est contenu dans un engagement proposé aux adjudicataires de différents travaux. Cet engagement porte : « Il y aura un jour de repos par semaine. » Que ce jour soit un jour quelconque, il n'en reste pas moins certain qu'il y a des siècles que l'Eglise fait pour améliorer le sort des travailleurs, ce que les hommes qui lui sont foncièrement hostiles songent seulement à faire aujourd'hui.

(*Univers*, avril 1888.)

IV

*Je renoncerai toujours à moi-même, je porterai
ma croix et suivrai Jésus-Christ*

« Si quelqu'un veut venir après moi, dit
Jésus-Christ, qu'il renonce à lui-même, et porte
sa croix chaque jour et me suive (1). »

1° *Je renoncerai à moi-même :* à mes mauvais
penchants, à toute attache déréglée à mon
propre jugement et à ma propre volonté.

Mon Dieu, rendez-moi docile et embrasez
mon cœur du feu de votre saint amour !

2° *Je porterai ma croix :* celle qu'il plaira à
la Providence de m'envoyer; par exemple, la
croix du travail, des privations, des maladies,
des humiliations, des revers, etc. Je la porterai

(1) Luc, ix.

chrétiennement, c'est-à-dire sans murmure-
avec patience, en esprit de pénitence, de mor,
fication et de conformité à la volonté divine, et
en unissant mes peines à celles que mon adorable Sauveur a endurées pour mon salut.

Pour m'aider à porter ma coix chrétiennement, je me rappellerai les paroles suivantes
de la sainte Ecriture : « C'est par beaucoup de
tribulations qu'il nous faut entrer dans le
royaume de Dieu (1). »

« Les tribulations des justes sont nombreuses, le Seigneur les délivrera de toutes (2). »

« Le Seigneur est près de ceux qui ont le
cœur affligé et sauvera les humbles d'esprit (3). »

« Mon fils, entrant au service de Dieu, sois
ferme dans la justice et dans la crainte, et pré-
pare ton âme à la tentation.

Humilie ton cœur et attends patiemment;
incline ton oreille et reçois les paroles d'intelli-

---

(1) Actes des Apôtres, xiv.
(2) Ps. xxxiii.
(3) Ps. xxxiii.

gence et ne te hâte pas au temps de l'obscurcissement.

« Supporte les délais de Dieu, unis-toi au Seigneur, et attends patiemment, afin que ta vie s'accroisse au dernier moment.

« Tout ce qui t'arrivera de fâcheux, accepte-le; et dans la douleur supporte-la courageusement, et dans ton humiliation aie patience.

« Car par le feu s'éprouvent l'or et l'argent; mais les hommes doivent passer par le fourneau de l'humiliation (1). »

Je me rappellerai aussi la patience du Seigneur et celle des saints, par exemple de Job, de Tobie, des martyrs. Saint Camille de Lellis eut plusieurs maladies longues et douloureuses. Loin de s'en plaindre, il se réjouissait et les appelait *les miséricordes* du Seigneur. Sainte Elisabeth de Hongrie, après avoir eu la douleur de perdre son mari, le prince Louis, Landgrave de Thuringe, fut chassée de son palais et dépouillée de tous ses biens, par le prince Henri,

(1, Ecclés. II.

son beau-frère, qui s'était fait nommer régent de l'Etat : pendant cette persécution, qu'elle supporta avec une patience admirable, elle fut réduite à une telle extrémité, qu'à peine put-elle trouver un gîte dans une méchante hôtellerie de la ville, pour se retirer avec ses enfants qu'on lui amena. Sainte Françoise romaine eut à supporter l'exil de son mari, la perte de ses biens et d'autres afflictions. Elle en rendait grâce à Dieu et disait avec le saint homme Job : « Le Seigneur a donné, le Seigneur a ôté. Que le nom du Seigneur soit béni (1). »

Oui, je porterai ma croix, quelle qu'elle soit. Portée chrétiennement, elle servira à ma sanctification : « Tout coopère au bien pour ceux qui aiment Dieu (2). » « C'est par la souffrance, dit saint Jean Chrysostome, qu'il faut arriver à la perfection. » Elle servira aussi à mon bonheur.

« Les tribulations si courtes et si légères de

(1) Job. I. 21.
(2) Epit. aux Rom. VIII.

la vie présente, produisent en nous le poids éternel d'une sublime et incomparable gloire (1). »

Sainte Catherine de Sienne

Sainte Catherine de Sienne étant une fois très affligée à cause de quelques calomnies qu'on avait faites contre elle, le Sauveur du monde lui apparut tenant dans sa main droite une couronne d'or enrichie de pierres précieuses, et dans sa main gauche une couronne formée d'épines. « Ma fille bien-aimée, lui dit-il, apprends qu'il faut que tu portes, l'une après l'autre, ces deux couronnes bien différentes ; choisis celle que tu préfères maintenant. Si tu prends la couronne d'épines pour cette vie, je te garderai pour l'autre, la couronne précieuse ; mais si tu prends la précieuse, il faudra porter celle d'épines après ta mort. « Moi, Seigneur, dit Catherine, j'ai depuis longtemps renoncé à ma volonté, et j'ai promis de suivre en tout la vôtre ; ainsi je n'ai pas de choix à faire ; mais si vous voulez que je vous réponde, je vous dirai qu'en cette vie, je veux être

(1) Ep. aux Corinth. IV.

conforme à votre bienheureuse Passion, et que mon bonheur sera toujours de souffrir pour vous. » Et en disant cela, elle prend à deux mains la couronne d'épines que lui présentait le Sauveur, et la met avec tant de force sur sa tête que les épines y entrent de toute part. Elle en sentit vivement les blessures après la vision, comme elle l'a raconté elle-même (1).

3° *Je suivrai Jésus-Christ.* Je mettrai en lui ma confiance : « dans le monde vous aurez des tribulations, mais ayez confiance, j'ai vaincu le monde » a-t-il dit à ses disciples (2).

J'agirai toujours par le mouvement de sa grâce et par son esprit; je recevrai ses sacrements; je me conformerai à ses exemples, à ses enseignements, à sa volonté; je serai filialement soumis à son Eglise « qui est la colonne et le fondement de la vérité (3) » et qui a mission de me conduire au ciel : « Comme mon Père m'a envoyé, ainsi je vous envoie (4). »

O Jésus, vous êtes la voie, la vérité et la vie !

(1) *Vie de sainte Catherine de Sienne,* par le B. Raymond.
(2) Jean, xvi
(3) Jean, xxi.
(4) Tim. iii. 15

Vous êtes *la voie* : nul ne peut aller au ciel que par votre médiation et grâce à vos mérites infinis : « Il n'y a de salut en aucun autre, car nul autre nom n'a été donné, sous le ciel aux hommes, par lequel nous devions être sauvés (1). »

Vous êtes *la vérité*; celui qui vous suit ne marche pas dans les ténèbres, vous avez des paroles de vie éternelle; vous êtes *la vie*; c'est par vous seul que je suis enfant de Dieu, que je fructifie pour la bienheureuse éternité. Vivez toujours en moi. Plutôt tout perdre et mourir comme vos saints martyrs que de me séparer de vous, ô mon bon Maître! Si je me séparais de vous, à qui irais-je? Perdre la vie à cause de vous et de l'Evangile, c'est la sauver.

(1) Jean, xx.

V

Je résisterai fortement au démon

Les démons sont ces esprits qui, au temps de leur épreuve, se sont révoltés par orgueil contre Dieu, leur créateur. Maintenant l'envie les porte à tenter les hommes encore voyageurs sur la terre pour en faire des réprouvés comme eux.

Leur pouvoir de tenter est limité par la Providence, et ils n'entraînent au mal, par leurs mensonges, que ceux qui le veulent bien. Ils sont comme des chiens à l'attache qui aboient contre les passants, mais ne mordent que ceux qui s'approchent d'eux. Avec la grâce de Dieu, je puis leur résister. Certes, je serais bien insensé si je ne repoussais pas les attaques de ces ennemis de mon âme. Je leur résisterai toujours, je leur résisterai sans retard et fortement, et comme ils sont très rusés, je me tiendrai bien en garde contre leurs artifices et leurs embûches : « Soyez sobre et veillez, dit l'Apôtre saint Pierre, car votre adversaire le diable, comme un lion rugissant, rôde autour de vous, cherchant qui il pourra dévorer. Résistez-lui, forts dans la foi (1).

Voici quelques points de leur tactique : 1° *ils affaiblissent d'abord pour renverser ensuite.* Afin de ne pas me laisser affaiblir spirituellement, je conserverai toujours mon âme en paix et je persévérerai dans la prière, dans la méditation des fins dernières et de la vanité des plaisirs, des richesses et des honneurs, dans la fréquentation des sacrements, la dévotion à la sainte Vierge, la mortification chrétienne et l'éloignement des occasions dangereuses.

2° *Ils isolent les âmes des Pasteurs légitimes, pour les diriger dans les voies de per-*

(1) 1re Ep. v.

dition. Jamais je n'écouterai leurs perfides suggestions, ni celles de leurs suppôts, et je suivrai toujours les guides spirituels que l'Eglise me donne : « L'homme obéissant parlera victoires (1). »

3° *Ils se servent habilement pour tenter, des circonstances au milieu desquelles on se trouve et des occupations auxquelles on se livre.* Je rendrai leurs efforts inutiles par ma vigilance, ma patience, ma prudence, mon esprit de foi et de charité.

Paroles de saint Antoine, abbé

« Croyez-moi, disait-il à ses religieux, Satan redoute les veilles des personnes pieuses, les oraisons, les jeûnes, la pauvreté volontaire, la miséricorde et l'humilité, mais surtout un ardent amour pour Notre-Seigneur Jésus-Christ. Un seul signe de la très sainte croix de cet adorable Sauveur l'affaiblit et le met en fuite (2). »

(1) Prov. xx.
(2) Bréviaire Rom. 17 janvier.

VI

Je résisterai à la contagion du monde

Les mondains ne pensent qu'à la vie présente et, tout entiers à ce qui flatte leurs yeux, leur chair et leur orgueil, vivant dans le dur et honteux esclavage de Satan et du péché, ils courent à leur perte éternelle. Malheur à moi si je me laissais entraîner par eux !

Je me mettrai en garde contre la contagion de leurs exemples, contre les raisonnements et les maximes de leur fausse sagesse, contre leurs appâts trompeurs. Je me mettrai au-dessus de leurs moqueries et je ne craindrai pas leurs menaces. Plein de confiance en Dieu je ne me laisserai pas ébranler par leurs persécutions. Jamais je ne rougirai devant eux d'être et de paraître chrétien. Etre chrétien et agir en chrétien, c'est ma gloire. Aux mondains de rougir, et non aux disciples de Jésus-Christ.

Quand Jésus-Christ viendra dans sa Majesté et dans celle de son Père et des saints anges, il rougira de ceux qui auront rougi de lui et de ses paroles (1).

(1) Luc, ix. 26.

VII

*Je recevrai fréquemment les sacrements de Pénitence
et d'Eucharistie*

Le sacrement de Pénitence a la vertu d'effacer tous les péchés commis après le baptême. Il rend la grâce sanctifiante au pénitent qui l'a perdue par le péché mortel et fait en même temps revivre ses mérites ; il augmente cette même grâce dans le pénitent non coupable de péché mortel.

On trouve au saint Tribunal de la pénitence des avis salutaires, de sages conseils ; des encouragements au bien. On en sort avec la paix de l'âme recouvrée ou raffermie.

Les fruits de ce sacrement étant si précieux, je le recevrai fréquemment. Saint Louis, roi de

France, se confessait *tous les vendredis* de l'année et, dans son testament on lit ces paroles, qui s'adressaient à son fils et à sa fille: « je vous avertis de vous confesser souvent. » La confession fréquente m'aidera à vivre dans une grande pureté de cœur.

Le concile de Trente exhorte les fidèles à communier fréquemment, pourvu qu'ils fassent toujours cette action si sainte, avec la pureté d'âme, avec la dévotion et la piété nécessaires (1). Au premier et au second siècle du christianisme, les fidèles communiaient tous les jours ou presque tous les jours. Cet usage subsistait encore au quatrième siècle, à Rome et en Espagne. D'après saint Cyprien, saint Ambroise, saint Augustin et d'autres Pères de l'Eglise, la demande de l'Oraison dominicale : « *Donnez-nous aujourd'hui notre pain de chaque jour* » a principalement pour objet la sainte Eucharistie.

« Communiez le plus souvent que vous

____

(1) Sess. xiii. ch. 3.

pourrez, avec l'avis de votre père spirituel, dit saint François de Sales. Et croyez-moi, si le corps prend les qualités des aliments dont il se nourrit habituellement, vous verrez que, nourrissant souvent votre âme de l'auteur de toute beauté et bonté, de toute sainteté et pureté, elle deviendra à ses yeux, toute belle, toute bonne, toute pure et toute sainte. »

Les sacrements de Pénitence et d'Eucharistie sont deux admirables sources de grâces et de salut : je n'imiterai jamais ceux qui s'en éloignent; je ne me laisserai pas influencer par leur exemple ni par leurs paroles. Je n'imiterai pas non plus ceux qui les font servir à leur perte par une réception sacrilège. Je recevrai toujours ces sacrements avec les dispositions nécessaires et même avec les meilleures dispositions possibles.

Jésus, ma vie, ma douceur, mon espérance, Jésus, source des dons célestes, daignez m'accorder la grâce de recevoir souvent l'application de vos mérites au saint Tribunal de la Pénitence et de vous recevoir vous-même fréquemment dans votre grand Sacrement d'amour.

Maux temporels dont sont parfois punis ceux qui communient indignement

Plusieurs faits historiques nous montrent que celui qui communie indignement s'expose à de grands châtiments pendant la vie, et même à une mort prématurée. Ainsi du temps de saint Paul, il y avait à Corinthe beaucoup de fidèles, qui devenaient infirmes, languissants, qui mouraient, pour avoir communié en état de péché mortel (1).

Saint Cyprien, évêque de Carthage et saint Jean Chrysostome, patriarche de Constantinople, affirment que de leur temps, Dieu livrait souvent à Satan les hypocrites qui avaient la sacrilège audace de recevoir Jésus-Christ, en péché mortel (2).

En 868, Lothaire, roi de Lorraine, s'étant rendu à Rome, pour recevoir l'absolution d'une excommunication qu'il avait encourue, eut l'impiété de communier sacrilègement pour tromper le pape Adrien II sur ses dispositions, et il fut imité par la

______

(1) Voir la 1ʳᵉ Epître aux Corinth. xi. 30.
(2) St Cypr. « de Lapsis » St Chrys. hom. iii ad Tim.

plupart des personnes de sa suite. Le châtiment suivit de près le crime. A peine arrivés à Lucques, Lothaire et ses compagnons furent atteints d'une fièvre maligne, qui produisit les effets les plus étranges. Les cheveux, les ongles et la peau même tombaient, tandis qu'un feu ardent les consumait au dedans. La plupart moururent sous les yeux du roi. Il ne laissa pas de continuer sa route. Il se fit porter jusqu'à Plaisance où il perdit connaissance, et mourut sans donner aucun signe de repentir.

VIII

Dieu veut que je le prie, que je lui demande ce dont j'ai besoin pour le corps et pour l'âme, pour le temps et pour l'éternité, que par là je reconnaisse ma dépendance absolue de sa Providence et m'entretienne avec lui comme un fils avec son père. Rien de plus raisonnable, rien de plus juste que la prière.

Par la prière, j'obtiendrai les grâces divines. Saint Augustin appelle la prière du juste la clef du ciel. « La prière assidue du juste peut beaucoup » dit saint Jacques (1). Je prierai toujours, je prierai oralement, je prierai men-

(1) Ep. vi.

talement, je prierai par mon obéissance. L'accomplissement de la volonté de Dieu attire ses grâces. Je prierai avec confiance et persévérance, je ne me découragerai jamais : « Il faut toujours prier et ne jamais se lasser » dit le Seigneur (1). Mes demandes seront toujours dictées par l'esprit de foi. Ainsi je ne demanderai que ce qui est conforme à la volonté divine. Cette volonté étant la volonté de la souveraine sagesse, de la souveraine bonté, est nécessairement la règle de toute volonté soit angélique, soit humaine. Je prierai avec attention et piété, l'âme toute pénétrée du sentiment de la présence de Dieu.

« Que ma prière, Seigneur, s'élève toujours en votre présence comme un encens ! »

Je n'omettrai jamais ma prière du matin et du soir. Je la ferai en famille, quand cela sera possible. Je ne l'abrègerai que dans les cas de nécessité. N'est-il pas juste que selon l'usage général des fidèles, je consacre chaque jour, soir

(1) Luc xviii.

et matin, quelques instants à adorer mon Père céleste, à le remercier de ses bienfaits, à lui demander pardon de mes péchés, à solliciter ses grâces pour moi, pour mes proches, mes supérieurs spirituels et temporels, mes bienfaiteurs, mes amis, pour tous mes frères et sœurs en Jésus-Christ, pour tous les membres de la grande famille humaine?

Le Seigneur a dit : « Demandez et vous recevrez (1). » Si je ne demande pas, moi qui ai tant de besoins, et corporels et spirituels, que recevrai-je? Mais si je demande, si je demande avec humilité, respect, confiance et persévérance, si je m'acquitte bien de ma prière du matin et du soir, que de grâces ne recevrai-je pas de la main de mon Père céleste?

A ma prière du matin et du soir, je joindrai d'ordinaire quelques réflexions sur les fins dernières, sur la vie et la Passion du Sauveur, ou sur quelqu'autre vérité de la foi catholique : « Veillez et priez » a dit Jésus-Christ à ses

(1) Jean, XVI.

disciples (1). « Veillez » c'est-à-dire, méditez les vérités du salut, pensez à vos devoirs et aux moyens de les remplir.

Je réciterai toujours mon bénédicité avant mes repas, et mes grâces après. « La table où l'on commence et finit par la prière ne manquera jamais du nécessaire » dit saint Jean Chrysostome.

Je ferai souvent des oraisons jaculatoires, c'est-à-dire de courtes et ferventes prières, en travaillant, en allant et venant, etc. « Mon Dieu, dirai-je, ayez pitié de moi selon votre grande miséricorde ! Mon Dieu, pardonnez-moi mes péchés ! Mon Dieu, venez à mon aide, donnez-moi votre grâce ! Venez, Saint-Esprit, éclairez mon âme, embrasez-moi du feu de votre amour ! Jésus, sauvez-moi ! ne permettez pas que je sois séparé de vous, faites que je vive et meure dans votre amour ! Très sainte Vierge Marie, ma bonne mère, priez pour votre enfant Aidez-moi à être chaste, prudent, patient, plein

____

(1) Matth. XXVI.

de calme et de mansuétude! Saint Joseph, protecteur de l'Eglise, protégez-moi, maintenant et à l'heure de ma mort. — Mon ange gardien, préservez-moi de tout danger du corps et de l'âme. Mon saint Patron, intercédez pour moi, aidez-moi à vous imiter. »

Il est extrêmement avantageux de prier beaucoup et de bien prier. Mon Dieu, apprenez-moi à bien prier, répandez en mon âme l'esprit de prières.

Réponse de saint Louis à un blâme

Saint Louis, roi de France, consacrait tous les jours quelques heures aux exercices de la religion ; et comme quelques-uns le blâmaient à ce sujet, il répondit avec douceur : « Les hommes sont étranges ; on me fait un crime de mon assiduité à la prière et l'on ne dirait mot, si j'employais le temps que j'y donne, à jouer aux jeux de hasard, à courre la bête fauve ou à chasser des oiseaux. »

IX

Je ferai souvent le signe de la croix sur moi,
et prendrai souvent de l'eau bénite.

Le signe de la croix est le signe du chrétien.
Il rappelle les mystères de la très sainte Trinité
de l'Incarnation et de la Rédemption à celui
qui le fait en disant : *Au nom et du Père,*
Fils, et du Saint-Esprit.

Faire le signe de la Croix sur soi est une
pratique aussi ancienne que l'Eglise. « A tous
les pas que nous faisons, disait Tertullien,
quand nous nous habillons, quand nous nous
levons, quand nous nous mettons à table,
quand nous nous asseyons; quand on nous
apporte de la lumière, quand nous nous cou-
chons, et généralement dans toutes nos actions,

nous faisons le signe de la croix sur le front. »

Le signe de la croix et l'eau bénite chassent les démons, préservent des dangers du corps et de l'âme. Saint Alexandre Ier, pape et martyr, ordonna de conserver perpétuellement de l'eau bénite à l'église et de s'en servir dans les habitations particulières pour chasser les démons. Je ferai le signe de la croix avec foi et piété; je prendrai de l'eau bénite, le matin à mon lever et le soir en me couchant. J'aurai un bénitier toujours bien garni. Je me rappellerai qu'une indulgence de cinquante jours est accordée aux fidèles qui font sur eux le signe de la croix en disant: Au nom du Père et du Fils et du Saint-Esprit. L'indulgence est de cent jours s'ils le font ainsi avec de l'eau bénite (1).

Exemples.

Grégoire de Tours raconte le fait suivant. « Un Juif

(1) Pie IX, 1866.

qui voyageait en un endroit désert, entra un soir
dans un temple d'idoles pour y passer la nuit et se
coucha sur l'autel même de l'idole. Sachant que les
chrétiens se servaient du signe de la croix comme
d'un préservatif contre les démons, il eut soin,
quoique juif, de faire sur lui-même ce signe salutaire. Cette précaution lui fut utile, car un démon
s'étant approché de lui pendant la nuit avec colère
et le menaçant de le punir de sa témérité, fut contraint de le laisser tranquille et se retira en disant :
« C'est un vase vide, mais muni d'un bon signe. »
Ce fait montre l'efficacité du signe de la croix
contre les esprits de ténèbres.

Un jeune homme se trouvait un jour à un repas
auquel assistaient de nombreux convives, placé à
côté d'un officier décoré. Ne négligeant pas ses ha-
bitudes chrétiennes, son premier soin en se mettant
à table, fut de faire le signe de la croix et de dire
son *Benedicite*. L'officier le regarde d'un air iro-
nique : « Que faites-vous, Monsieur, lui dit-il ? Capitaine, répond le jeune homme, rougissez-vous de
votre croix d'honneur ? Certainement non, dit l'officier. Eh bien ! reprit son interlocuteur, vous saurez
que le signe de la croix est pour moi le plus beau
signe de gloire et d'honneur. »

A l'heure la plus lugubre du terrible incendie qui éclata tout à coup dans un théâtre de Paris, le 25 mai 1887, l'attention de plusieurs pompiers réunis auprès de leur chef et attendant ses ordres, était attirée vers un groupe de cinq personnes, qu'on apercevait sur un pan de muraille prêt à s'écrouler. Le lieutenant se tourna vers ses hommes et leur dit : « Je ne puis demander à aucun de vous de porter secours à ces malheureux, car c'est aller à une mort certaine et sans espérance de les sauver. Si, cependant l'un de vous veut tenter l'entreprise, voilà une échelle :

Un instant de silence suit la parole du chef, et du groupe des soldats une voix se fait entendre, c'est celle d'un Breton.

« — J'irai moi.

Et faisant un grand signe de croix, en disant à haute voix :

« Au nom du Père, et du Fils, et du Saint-Esprit. » il prend l'échelle.

« — Adieu ! mes amis, dit-il à ses camarades en y montant. »

O merveille ! l'intrépide soldat parvint à sauver les cinq personnes. A son dernier sauvetage, il tombe épuisé, dans les bras des spectateurs, émus et ravis.

de ce courage, que la religion venait d'élever à la hauteur de l'héroïsme et du sublime.

(Incendie du théâtre de l'Opéra-Comique. — Extrait des journaux catholiques)

X

Je penserai habituellement à la présence de Dieu.

Dieu est présent partout, il soutient tout :
C'est en lui que nous vivons, que nous nous
mouvons et que nous sommes » « disait St Paul
devant l'Aréopage d'Athènes (1).

Il est mon Créateur et mon souverain maître;
il voit ce que je fais et connaît mes plus secrètes
pensées, il est aussi mon Père, m'ayant adopté
pour fils en Jésus-Christ par le baptême. Pour
plaire à ce bon Père pour mériter ses récompenses éternelles, il faut que je lui sois soumis,
que je vive dans son amour, que je sois orné de
sa grâce sanctifiante.

(1) *Actes des Apôtres,* xvii.

Je me tiendrai en sa présence comme sa créature, son serviteur et son enfant.

Je lui témoignerai mon respect, mon amour,
ma reconnaissance, je le louerai. « Je vous
adore, lui dirai-je, ô Majesté infinie! je me
soumets à vous entièrement. Mon Dieu et mon
tout, je vous aime de tout mon cœur. Je vous
rends grâces, Dieu tout-puissant, pour tous vos
bienfaits. Gloire au Père, au Fils et au Saint-
Esprit! maintenant comme au commencement
et toujours et dans tous les siècles des siècles,
Ainsi soit-il!

Béni soit le nom du Seigneur! Nations,
louez le Seigneur! Saint, Saint, Saint est le
Seigneur, Dieu des armées! Les cieux et la
terre sont pleins de votre gloire; Hosanna au
plus haut des cieux! »

Dieu me dit comme à Abraham : « Marche
devant moi et sois parfait (1). »

Le souvenir habituel de sa présence sera
comme un aiguillon qui m'excitera à accomplir

_____

(1) *Genèse*, XVII-1.

toujours sa volonté, et par cet accomplissement je serai parfait. O volonté toute sainte, tout aimable de mon Dieu, de mon Père, volonté de la sagesse éternelle, sois constamment la règle de ma conduite. C'est en me soumettant à toi que j'aurai la paix en cette vallée de larmes et que je parviendrai au bonheur éternel dans la céleste patrie.

Exemple.

Le célèbre musicien Mozart pensait habituellement à la présence de Dieu. Il le dit lui-même dans l'extrait suivant d'une de ses lettres à son père.

« Je baise les mains à mon cher père et le remercie de ses souhaits pour ma fête. Qu'il soit sans inquiétude, j'ai toujours Dieu devant les yeux, je reconnais sa toute-puissance, je crains sa colère ; mais je connais sa bonté, sa miséricorde, sa clémence envers ses créatures ; il n'abandonne jamais ses serviteurs. Si les choses vont selon sa volonté, elles iront aussi selon la mienne. Avec cela, je ne puis manquer d'être heureux et content. »

XI

*Je penserai souvent à Jésus-Christ, réellement
présent dans les églises, sous les
espèces sacramentelles que les prêtres y conservent.*

Il est là par zèle pour la gloire de son Père
et par amour pour les membres de son corps
mystique, qui est l'Eglise. Une multitude
d'anges l'entourent et l'adorent jour et nuit. De
pieux fidèles viennent se prosterner devant son
infinie Majesté. Une lampe brûle continuellement en sa présence comme un emblème de
l'amour dont mon cœur doit être embrasé pour
lui.

Ce bon Maître daigne m'inviter à lui faire de
fréquentes visites, à solliciter ses grâces, surtout
à m'unir à lui et à me nourrir de lui par la sainte

communion. « Venez à moi, dit-il, vous tous qui prenez de la peine et qui êtes chargés, et je vous soulagerai (1). » Venez, mangez mon pain et buvez le vin que je vous ai préparé (2) » c'est-à-dire, recevez mon corps et mon sang par la communion.

Il est la source même et l'auteur de toute grâce et de toute sainteté : mon intérêt aussi bien que la piété, exige que je me rende à ses bienveillantes et miséricordieuses invitations.

Il ne cesse dans son grand Sacrement d'amour de me donner l'exemple de l'humilité, de la mortification, de la patience, de l'obéissance, de la charité, de la piété : j'aurai toujours les yeux de l'âme sur ce divin modèle proposé à mon imitation.

Lorsque je passerai devant une église et souvent dans la journée, je dirai : « Loué et remercié soit à tout moment le très saint et très divin Sacrement. » Pourrais-je ne pas adresser

(1) Matth. xi.
(2) Proverbe, ix. 5.

cet hommage à Jésus-Christ, présent dans l'Eucharistie pour mon amour?

Foi de saint Louis à l'Eucharistie.

Il est rapporté dans la vie de saint Louis, roi de France, qu'un saint prêtre, célébrant la messe à la Sainte-Chapelle du Palais, tomba en extase, au moment où il venait de prononcer les paroles de la consécration. En même temps les personnes qui assistaient à la messe, virent avec la plus grande surprise, entre les mains du prêtre, le plus beau et le plus aimable des enfants. Saint Louis, qui était tout proche de la Sainte-Chapelle, fut averti de ce qui s'y passait, et on le pressa d'y accourir pour être témoin du miracle; mais il se contenta de faire la réponse suivante : « Je crois si réellement que Jésus-Christ est présent dans l'Eucharistie que je n'ai pas besoin d'aller voir ce miracle pour m'en persuader; je l'y crois présent plus fermement que si je l'y voyais, et je ne veux pas le voir pour ne pas perdre le mérite de ma foi. »

Faveur faite à saint Bonaventure.

Saint Bonaventure, n'étant pas encore prêtre,

passa plusieurs jours sans oser communier ; quoique très innocent et très pieux, il s'en réputait indigne. Comme le Centenier de l'Evangile, il disait : « Seigneur, je ne suis pas digne que vous entriez sous mon toit. » Le Seigneur daigna dissiper ses craintes par une grande faveur. En effet, un jour que son dévot serviteur entendait la messe, méditant sur la douloureuse passion, il lui envoya un ange, qui mit dans sa bouche une partie de l'Hostie consacrée que le prêtre tenait entre les mains (1).

Miracle arrivé à Faverney, en Franche-Comté, les 26 et 27 Mai 1608.

En 1608, don Alphonse Doresmieux, abbé du monastère de Saint-Benoît de la petite ville de Faverney, obtint du vicaire de Jésus-Christ, pour les trois jours de Pentecôte de la même année, un pardon général qui devait se gagner dans son église.

A l'occasion de ce pardon, un autel pour l'exposition du Saint-Sacrement fut dressé dans cette

______

(1) *Acta canonizationis S^u Bonav.*

église, contre la grille de fer du sanctuaire. Cet autel se composait d'une table de bois et d'une pierre sacrée de marbre, et il était très bien orné.

Le Saint-Sacrement y fut solonnellement exposé pour l'ouverture du pardon, dans un ostensoir en forme de soleil, le samedi, 24 mai, veille de la Pentecôte aux premières vêpres de la fête.

Dans la nuit du dimanche au lundi, le gros cierge qui brûlait sur cet autel devant le Saint-Sacrement, tomba sur la nappe en achevant de se consumer et y mit le feu, sans que les personnes présentes s'en aperçussent.

Le feu s'étant propagé rapidement brûla les nappes, les corporaux, les parements et une partie de la table de bois. L'incendie fut si violent que le petit autel de marbre éclata et se fendit en trois parties.

Ce petit autel et la table embrasés tombèrent par terre. Par suite, l'ostensoir devait tomber aussi; mais il demeura miraculeusement suspendu en l'air, sans avoir été endommagé par les flammes, ni noirci par la fumée et sans que les deux saintes hosties, qui y étaient enfermées entre deux cristaux, eussent subi la moindre altération.

On mit aussitôt une autre table, à la place de celle qui était brûlée avec un marbre et un corporal, afin que si l'ostensoir venait à baisser, il trouvât où se poser, mais cette nouvelle table et ce nouveau marbre furent mis d'un pied plus bas que l'ostensoir, afin que le miracle demeurât évident tant qu'il plairait au Seigneur.

Or, le miracle ne fut pas d'un seul moment, car l'ostensoir resta ainsi suspendu en l'air jusque sur les dix heures du matin, du mardi suivant. Des milliers de personnes le considérèrent à leur aise et se convainquirent qu'il ne reposait sur rien, qu'il n'était attaché à rien, qu'il n'y avait en toute sa circonférence que l'air qui l'entourait.

Le Saint-Sacrement ainsi miraculeusement suspendu fut gardé soigneusement, jour et nuit, jusqu'au mardi de la Pentecôte.

Ce jour-là une paroisse du voisinage, (la paroisse du Menou) étant venue en procession pour gagner le pardon, une grand'messe fut célébrée au maître-autel. Pendant la messe, tout le peuple avait sans cesse les yeux tournés vers l'ostensoir. Après l'élévation et à mesure que le prêtre baissait la sainte hostie, on vit cet ostensoir descendre lentement de lui-même et se poser sur le marbre et le corporal placés dessous pour le recevoir.

Ce prodige s'accomplit avec une grande admiration et acclamation de tout le peuple.

La suspension miraculeuse avait duré trente-trois heures.

Grande démonstration de piété envers le très Saint-Sacrement après le miracle.

Tous les historiens du miracle disent qu'il y avait deux saintes hosties dans l'ostensoir. C'était, selon le père Fodéré, pour faire voir l'effigie de l'hostie par chaque verrière de l'ostensoir, ou parce que le croissant de l'ostensoir était trop large pour une seule hostie. Le même auteur dit qu'on mettait toujours ainsi deux hosties dans l'ostensoir lorsqu'on exposait solennellement le Saint-Sacrement, à l'église du monastère de Saint-Benoît. Une des saintes hosties fut gardée à Faverney, où elle est encore aujourd'hui. On l'expose solennellement et on la porte en procession, chaque année, le lundi de la Pentecôte. Ce jour-là, il y a une grande affluence de fidèles à Faverney. On la garde dans l'ostensoir où elle était le 26 mai 1608, jour du miracle.

L'autre sainte hostie fut donnée à la ville de Dôle, qui l'envoya chercher solennellement le 15 décembre de la même année 1608. Ses délégués arrivèrent à Faverney le 17 suivant. C'étaient : le doyen, plusieurs chanoines et familiers de l'église Notre-Dame avec la musique, deux conseillers ecclésiastiques et deux chevaliers de la Cour du Parlement : le substitut du Procureur général et le commis du greffier; deux conseillers maîtres de la Chambre des Comptes et une partie des magistrats. A ces délégués s'étaient adjoints volontairement trois cents hommes à cheval des principaux de la ville. Le jour même de leur arrivée à Faverney, il leur fut enjoint à tous de jeûner; le 18, ils se confessèrent et communièrent de la main du doyen. Après la messe, quelques hymnes et suffrages furent chantés; puis la sainte hostie ayant été mise dans une boîte et enfermée dans un petit coffre, fut placée dans une litière couverte de damas changeant, portée par deux chevaux blancs, et aux quatre coins de laquelle marchaient quatre hommes en robes rouges, portant chacun une lanterne dans laquelle il y avait deux flambeaux. La pieuse troupe, toujours la tête nue, chantait des hymnes et de dévotes prières. Les paroisses qui se trouvaient sur le chemin, venaient

en procession avec des flambeaux, à la rencontre de
la sainte Hostie : La nuit on la déposait dans
l'église de l'endroit où il fallait coucher, et elle était
toujours gardée par dix personnes de la troupe, qui
veillaient les unes après les autres.

Le 21, jour de saint Thomas, la ville de Dôle
alla fort loin au-devant, en procession solennelle
dans l'ordre suivant : les pères Capucins, les pères
Cordeliers, l'église Notre-Dame, la Cour du Parlement en robes rouges, l'Université, la Chambre des
Comptes, le Maire et les échevins. En revenant à la
ville, après le Maire et les échevins, marchait la
Compagnie qui avait été à Faverney, puis venaient
les avocats et les procureurs, tous avec des flambeaux.

A l'arrivée à Dôle, la sainte hostie fut portée par
l'abbé du monastère de Faverney, auquel on pré-
senta les clefs de la ville. On trouva les rues et
l'église Notre-Dame toutes tapissées. La sainte
hostie fut déposée dans cette église, où les avocats
de la ville firent ensuite construire pour la garder
une superbe chapelle, qui leur coûta dix mille écus.

L'année suivante, le mardi de la Pentecôte ; on fit
une procession solennelle, à laquelle assista l'Archevêque de Besançon avec un bon nombre de

chanoines de sa cathédrale : la sainte Hostie fut portée par toute la ville.

Cette procession s'est renouvelée depuis, d'année en année. Le père Fodéré dit que de son temps, on y accourait de quinze à vingt lieues à la ronde.

Certitude du miracle. Le miracle arrivé à Faverney, le 26 et le 27 mai 1608, est un fait historique d'une certitude incontestable ; c'est ce que prouvent : 1° les informations et le décret de l'Archevêque de Besançon, monseigneur Ferdinand de Lonwi ; la bulle de Paul V, enregistrée au IIIᵉ livre du Bullaire du Parlement, folio 246, et énonçant toutes les principales circonstances de ce miracle ; 2° la narration historique et topographique des couvents de l'Ordre de Saint-François dans la province de Saint-Bonaventure, par le père Jacques Fodéré, auteur, contemporain de ce miracle (in-4°, Lyon, 1619). 4° Les processions faites annuellement à Faverney et à Dôle, en mémoire de ce fait merveilleux.

Miracle arrivé à Turin, en Piémont
le 6 juin, 1453.

En l'an 1453, René, duc d'Anjou, ayant résolu de

faire une descente en Italie, à la tête de 3500 cavaliers, prétendit passer par les Etats de Louis, duc
de Savoie, qui ne voulut pas y consentir. Cette
opposition du duc Louis et son différend avec le
dauphin de France donnèrent lieu à divers actes
d'hostilité : plusieurs villages de ses Etats furent
saccagés, entre autres Exille, dernier village de la
province de Suse. Des soldats qui avaient pris part
au sac de ce village, passant par Turin, virent
tout à coup la bête de somme, porteuse de leur
butin, s'arrêter et s'abattre sur la place du marché
des grains, en face de l'église Saint-Silvestre, et
quoi qu'ils fissent, ils ne purent la faire relever.
Cependant, la charge, portée par l'animal s'ouvrit
d'elle-même, et un ostensoir, qui contenait une
hostie consacrée, s'en étant échappé s'éleva en l'air;
tout rayonnant d'une lumière resplendissante. Le
bruit de ce prodige attira à l'instant toute la population de Turin. Monseigneur Louis des Marquis
de Romagnano, alors évêque de cette ville, accourut
accompagné de son chapitre et du clergé, se pros-
terna et adora. Au même moment, l'ostensoir
tomba à terre et l'hostie demeura seule, suspendue,
en l'air plus radieuse que le soleil. Après avoir
brillé aux yeux de tous pendant un temps considé-

rable, elle descendit lentement dans le calice que le pontife lui présentait. Celui-ci l'ayant reçue, la porta triomphalement à l'église cathédrale, accompagné de tout un peuple ravi d'admiration et chantant des cantiques d'adoration, de reconnaissance et d'allégresse.

Depuis lors on a constamment fait, chaque année, à Turin, une procession commémorative de ce prodigieux événement, et depuis l'an 1653, on y en célèbre, avec une très grande pompe, chaque centième anniversaire.

En 1521, les décurions de cette ville, voulant perpétuer le souvenir du miracle, firent construire avec l'agrément de l'Ordinaire, une chapelle en très beaux marbres, à l'endroit même où il est arrivé. Cette chapelle était décorée de peintures représentant le vol sacrilège, le miracle et la procession dont il fut suivi. Cette chapelle étant devenue insuffisante, à cause du nombre toujours croissant des fidèles qui y affluaient, les Turinois la remplacèrent par l'église plus spacieuse et plus belle, qui subsiste encore aujourd'hui et qui est connue sous le non d'église de : *Corpus Domini*.

L'insigne miracle arrivé le 6 juin 1453 eut pour effet, à Turin, un tel accroissement de piété envers le très Saint-Sacrement que, depuis, cette ville a pu s'appeler, à bon droit, la Cité de l'Eucharistie.

Un ancien écrivain dit que ce miracle si mémorable et si manifeste affermit la foi des Turinois et enflamma extrêmement leur dévotion envers le Sacrement de l'autel.

Punition d'un impie.

La semaine catholique de Toulouse raconte le fait suivant, arrivé dans une localité du Minervois, contrée peu éloignée de Carcassonne.

« Un impie non seulement refuse de se découvrir devant le très Saint-Sacrement porté en procession, mais il se rit de ceux qui se découvrent, et pour protester il enfonce plus profondément son chapeau ; la journée n'était pas finie qu'un violent mal de tête se déclare, des douleurs atroces se localisent autour de la tête, à l'endroit même où le chapeau avait été enfoncé ; des plaies se forment tout autour ; prennent un caractère tellement cancereux et pénètrent tellement dans le crâne que les médecins déclarent le mal inguérissable, et tout remède impuissant.

XII

Je considérerai des yeux de la foi Jésus, Homme-Dieu, renouvelant chaque jour, par le ministère des prêtres, le sacrifice qu'il a offert sur la croix.

Le très saint sacrifice de la messe est essentiellement et substantiellement le même que le sacrifice de la croix; il n'en diffère que par la manière dont il est offert. Le sacrifice de la croix a été offert d'une manière sanglante; celui de la messe est offert d'une manière mystique et non sanglante.

Le très saint sacrifice de la messe est infiniment glorieux à Dieu; il nous le rend propice; il nous applique le prix, la vertu du sacrifice de la croix : C'est le moyen le plus efficace d'obtenir de Dieu les grâces dont on a besoin, dans l'ordre spirituel et même dans l'ordre temporel.

Je m'exciterai par la considération de ces vérités à ne pas manquer la messe les jours ouvriers sans quelque bonne raison. Je la ferai aussi célébrer de temps en temps à mon intention : ce qui me vaudra l'application de son fruit spécial par le prêtre. En outre, je prendrai les mesures nécessaires pour que des messes soient célébrées après ma mort pour le repos de mon âme.

Exemples.

Le grand Constantin ne se contentait pas d'entendre la messe, tous les jours, dans son palais. Lors même qu'il marchait à la tête de ses armées et jusqu'au milieu des camps, il était suivi d'un autel portatif et ne manquait aucun jour de faire célébrer les saints Mystères en sa présence. C'est sa piété qui lui valut les victoires signalées qu'il remporta sur ses ennemis.

Lothaire, empereur d'Allemagne, observa constamment la même pratique ; en temps de guerre, comme en temps de paix, il voulut tous les jours entendre jusqu'à trois messes.

Le pieux roi d'Angleterre, Henri III, en entendait également trois, tous les jours, à la grande édification de toute sa cour.

Saint Wenceslas, roi de Bohême, ne se contentait pas d'assister tous les jours à plusieurs messes, agenouillé sur le pavé du temple, et de servir le prêtre à l'autel avec plus de modestie et d'humilité qu'un jeune lévite; il ornait en outre les autels des plus riches joyaux de sa couronne et des draperies les plus précieuses de son palais. Il avait coutume encore, de préparer de ses propres mains les hosties destinées au sacrifice. Le grain même qui servait à les confectionner était récolté par ses soins.

Saint François, le patriarche de l'ordre des Frères Mineurs avait tant de zèle pour nos sacrés mystères que malgré son amour pour la pauvreté il exigeait néanmoins la plus grande propreté dans les sacristies, à l'autel et surtout dans les ornements sacrés qui servent immédiatement au Saint-Sacrement. Bien plus, il se soumettait lui-même bien souvent à balayer les églises avec un soin extrême.

Deux artisans exerçaient la même profession; l'un était chargé d'une nombreuse famille, il avait femme, enfants et neveux à nourrir; l'autre vivait seul avec sa femme. Le premier élevait sa famille dans l'aisance, tout lui réussissait à merveille. L'autre quoique seul, manquait d'ouvrage et mourait de faim. Un jour celui-ci dit confidentiellement à son voisin : « — Mais comment faites-vous donc? On dirait que dans votre maison Dieu fait pleuvoir tous les biens en abondance, et moi, malheureux, je ne puis pas lever la tête, tous les malheurs m'accablent. « — Je vous le dirai bien volontiers, lui répondit son ami, demain matin je passerai chezvous et je vous enseignerai le lieu où je vais puiser ma bonne fortune. »

Le matin suivant, il alla le prendre et le conduisit à l'église pour entendre la messe, après quoi il le ramena à son atelier; il fit de même le second et le troisième jour. Alors l'autre lui dit : « S'il ne faut qu'aller à l'église et entendre la messe, j'en connais bien la route, il ne faut pas que vous vous dérangiez. C'est précisément cela, dit le premier, assistez tous les jours à la messe et vous verrez la fortune changer de face pour vous. » C'est ce qui arriva effectivement. Du moment où il eut embrassé cette salutaire pratique, il se vit abondamment pourvu d'ouvrage; en peu de temps il parvint à payer ses dettes et remit sa maison sur un bon pied (1).

Saint Elzéar, comte d'Orian, exigeait que tous ses serviteurs et servantes entendissent chaque jour la sainte messe.

Un grand serviteur de Dieu, Jean d'Avila, qui fut l'oracle de l'Espagne, étant à la dernière extrémité, on lui demanda quelle sorte de bien il souhaitait surtout qu'on lui fît après sa mort : Des messes, répondit-il, *des messes! des messes!* »

(1) Surius, invit. St¹ Joan. Elz.

XIII

*J'assisterai autant que possible aux vêpres du di-
manche, aux instructions paroissiales, aux saluts
du très Saint-Sacrement, aux offices de la semaine sainte, aux processions, aux exercices du
chemin de la croix et du mois de Marie, à la récitation publique de la prière et du chapelet, je
ferai le plus de visites que je pourrai au très Saint-
Sacrement.*

1º *J'assisterai aux vêpres.* La ferveur de la
dévotion est un feu qui doit toujours brûler sur
l'autel du cœur et qu'il faut entretenir en y jetant le bois de la divine louange. « Je bénirai
le Seigneur en tout temps, dit le Psalmiste, toujours sa louange sera dans ma bouche (1). »
Les chants de l'Eglise sont comme un écho

(1) Ps. XXXIII, 1.

de ceux du ciel; ils impressionnent l'âme et l'é-
lèvent vers Dieu. Il me sera donc très avantageux d'assister aux vêpres dans l'assemblée des
fidèles. J'en sortirai content, le cœur religieu-
sement ému, emportant avec moi la bénédiction de Dieu.

2° *J'assisterai aux instructions paroissiales :*
« Heûreux ceux qui écoutent la parole de Dieu
« et qui la gardent (2). »

3° *J'assisterai aux saluts du très Saint-Sacrement.* Il me sera doux d'offrir mes hommages à Jésus-Christ dans son sacrement
d'amour et de recueillir ses bénédictions plus
précieuses que l'or et l'argent.

4° *J'assisterai aux offices de la semaine sainte.*
Il convient que tout chrétien assiste à ces offices institués principalement pour rappeler et
célébrer la passion du Sauveur du monde.

5° *J'assisterai aux processions.* Prendre part
aux processions, à leurs chants et à leurs
prières est un acte religieux qui fait du bien à

______

(2) Luc, xi.

l'âme et que Dieu ne laisse pas sans récompense.

6° J'assisterai aux exercices du chemin de la croix et du mois de Marie. Ces exercices attirent les dons célestes, entretiennent et augmentent la piété.

7° J'assisterai à la récitatoin publique de la prière et du chapelet. « Là où deux ou trois sont réunis en mon nom, je serai au milieu d'eux » a dit le Seigneur (1).

8° Je ferai le plus de visites que je pourrai au très Saint-Sacrement. Jésus n'est-il pas mon meilleur ami? N'est-il pas juste que je le visite souvent lui que les anges adorent sans cesse, lui que son amour pour moi retient au tabernacle de l'autel.

Exemple

Frédéric II, roi de Prusse, invita à dîner le général de Ziethen pour le vendredi saint. Il aimait à voir à sa table ce vieux général qui lui avait rendu

(1) Matth., xviii.

de grands services dans la guerre, et le faisait ordinairement asseoir à côté de lui. De Ziethen refusa
cette faveur, donnant pour raison que ce jour-là il
avait l'habitude d'assister aux offices religieux et
qu'il aimait alors à consacrer toute la journée à la
méditation et à la retraite.

Punition d'un impie.

Dans une paroisse du diocèse de Soissons, un
libre-penseur disait : « Je ne crois ni à Dieu ni au
diable et tout me réussit. » Il s'était effectivement
acquis par son travail, une grande fortune. Tous
les ans ce riche, le vendredi saint, affectait de tenir
table grasse, y conviait ses pareils. Vint la semaine
sainte de 1888. Après avoir fait ses invitations, il
acheta des provisions le mercredi saint. Le soir une
angine charbonneuse le saisit et le vendredi saint
même, il mourut étranglé par la terrible maladie !

Autre punition d'un impie.

Le vendredi saint de l'année 1882, de jeunes
impies de Boulogne-sur-Mer, voulurent pour s'amu-
ser, parodier la passion du Sauveur. Celui qui
était le plus odieux et qui avait choisi le rôle de

Judas n'attendit pas lontemps. Le saint jour de Pâques, il fut envahi d'une affreuse petite vérole qui le couvrit comme une lèpre. — On le porta à l'hôpital dans des douleurs croissantes, et le mardi de Pâques, il expira avec des souffrances atroces. Il avait la camisole de force et quatre hommes devaient le tenir. — Les médecin disaient. « C'est un *delirium tremens* de première classe. Des chrétiens y voyaient la main de Dieu.

XIV

*J'aurai toute ma vie une tendre dévotion
envers la très sainte Vierge.*

La dévotion envers Marie est une source de douceur pour l'âme; elle attire toutes sortes de grâces sur les particuliers, sur les familles et sur les nations; elle est un moyen infaillible de persévérance et d'avancement dans l'amour de Dieu; et par conséquent de salut éternel.

Les motifs de cette dévotion sont la sainteté suréminente de cette Vierge bénie, sa dignité de Mère de Dieu, de Reine du ciel et de tout l'univers, de Mère des chrétiens et de dispensatrice des grâces divines; sa puissance et sa bonté.

L'Eglise prêche constamment cette dévotion, et elle en donne l'exemple. Les théologiens la recommandent dans leurs écrits et le Saint-Esprit la met au cœur des fidèles.

O mon Dieu, faites, je vous en prie, que cette précieuse dévotion s'enracine profondément dans mon cœur et que j'en sois pénétré toute ma vie.

« Divine Marie, avec l'archange Gabriel, je vous salue, pleine de grâces; vous avez été conçue sans la tache du péché originel; vous êtes la Vierge des vierges; vous êtes l'auguste Mère de Jésus-Christ, vrai Dieu et vrai homme et par conséquent vous êtes Mère de Dieu, comme l'a défini la sainte Eglise; vous êtes la Reine des anges, la Reine de tous les saints, la Reine du monde entier; vous êtes la mère des chrétiens; vous êtes la dispensatrice des grâces divines; votre puissance est sans bornes, car votre Fils ne vous refuse rien, et votre bonté est égale à votre puissance; toutes les générations vous appellent Bienheureuse, comme vous l'avez prophétisé dans votre admirable Cantique!

Bien-aimée Mère, toute bonne, toute aimable,

toute vénérable, je vous aime de tout mon cœur, et je vous aimerai toujours; je vous vénère et je vous vénèrerai toujours; je célèbrerai vos ineffables grandeurs et bénirai votre saint nom à jamais.

Toujours ce sera pour moi un bonheur de vous servir, de vous être agréable : disposez de moi comme il vous plaira; commandez en souveraine; votre fils, votre sujet vous obéira. Je m'efforcerai aussi toujours de vous imiter, ô humble, chaste, douce, obéissante et pieuse vierge Marie, constamment appliquée à plaire à Dieu, à procurer sa gloire et le salut des âmes. Faites qu'à votre exemple, je corresponde toujours fidèlement à toutes les grâces divines et que j'agisse constamment, non par mon propre esprit, mais par l'esprit de votre Fils.

C'est en vous, après Dieu, que je mets ma confiance, ô divine Marie. Protégez-moi sans cesse, vous à qui les anges obéissent; étendez sur moi vos mains bénies, qui ont porté Celui qui porte le monde. Soutenez-moi dans mes tentations; assistez-moi dans mes difficultés et mes peines; délivrez-moi de tout danger, secourez-moi à l'heure de ma mort. Et après ma mort, daignez recevoir mon âme pour l'introduire au séjour des élus.

Pratiques de dévotion envers la sainte Vierge.

Je respecterai toutes les pratiques de dévotion envers la sainte Vierge en usage dans l'Eglise, et j'observerai spécialement les suivantes.

1° *Réciter l'Angélus le matin, à midi et le soir au son de la cloche.*

Cette pratique facile, douce et salutaire sera toujours chère à mon cœur. Je m'en acquitterai avec attention et piété en pensant au grand Mystère de l'Incarnation du Fils de Dieu et à la part que la très sainte Vierge a eue à son accomplissement. Je m'en acquitterai lors même que je n'entendrai pas sonner la cloche.

2° *Dire l'Ave Maria ou simplement « Ave Maria » en passant devant une image de la sainte Vierge.*

Celui qui salue Marie sera salué par Elle. Saint Bonaventure dit qu'elle répond par des grâces aux saluts qu'on lui adresse.

3° Réciter l'Ave Maria au commencement et à la fin de ses actions, dans les doutes, les difficultés, les tentations, les dangers.

Saint Alphonse de Liguori recommande fort cette pratique dans ses « *Gloires de Marie* ». « Observez-la, dit-il, et vous verrez combien grande sera l'utilité que vous en retirerez. »

Le Bienheureux François Patrizzi récitait fréquemment *l'Ave Maria*. La sainte Vierge lui prédit l'heure de sa mort et il mourut saintemment. Quarante ans après, il sortit de sa bouche un très beau lis, qui fut transporté en France. On voyait sur ses feuilles l'*Ave Maria* écrit en lettres d'or.

4° Porter sur soi une médaille de la sainte Vierge, bénite et indulgenciée, et avoir chez soi une de ses images, également bénite.

5° Réciter chaque jour le chapelet, en tout ou en partie.

Le chapelet est le tiers du rosaire. Le rosaire

est une certaine forme de prières consistant dans la récitation de quinze dizaines d'*Ave Maria*, séparées l'une de l'autre par le *Gloria Patri* et l'Oraison dominicale.

On accompagne la récitation de chaque dizaine de la méditation de l'un des quinze principaux mystères de notre réparation. Il est dit dans le bréviaire que ce fut sur un ordre exprès de la très sainte Vierge elle-même que St Dominique prêcha le rosaire aux peuples, comme un moyen efficace contre les hérésies et les vices.

Sa prédication eut le plus grand succès. La récitation quotidienne du chapelet est grandement recommandée par l'Eglise; ses fruits sont innombrables; elle est pleine de charmes. « Réciter mon chapelet, disait St François de Sales, prier ma Mère du ciel, c'est ma plus douce occupation, la joie la plus pure de mon cœur. »

A la récitation de mon chapelet, j'unirai la méditation ou au moins le souvenir de l'un des quinze principaux mystères de la vie de Jésu et de Marie... Le lundi et le jeudi, je médite

7

rai sur les mystères joyeux, qui sont : l'Annonciation; la Visitation; la Nativité de Jésus-Christ; sa Présentation au temple de Jérusalem; son Recouvrement par Marie et Joseph au milieu des Docteurs de la loi.

Le mardi et le vendredi, je méditerai sur les mystères douloureux qui sont : l'Agonie de Jésus, au jardin des Oliviers; sa Flagellation; son Couronnement d'épines; sa condamnation à mort et le Portement de la croix; son Crucifiement.

Le mercredi, le samedi et le dimanche, je méditerai sur les mystères glorieux qui sont : la Résurrection de Jésus-Christ; son Ascension; la descente du Saint-Esprit sur la sainte Vierge et sur les apôtres au Cénacle; la mort de la Ste Vierge et son Assomption; son Couronnement dans le ciel.

S'il m'arrive parfois de ne pouvoir dire tout mon chapelet, j'en réciterai au moins une partie.

Louis XIV, roi de France, récitait le chapelet tous les jours quelqu'occupé qu'il fût :

« C'est une pratique que je tiens de la reine, ma mère, disait-il, et je serais fâché d'y manquer, un seul jour de ma vie. »

Lorsque saint François de Sales n'avait pu réciter son chapelet dans la journée, il le suspendait à son bras pour ne pas oublier de le réciter avant de se coucher. Il ne manquait jamais de le réciter, quelque fatigué qu'il fût.

Le célèbre médecin Récamier, dont la réputation était européenne, récitait assidûment son chapelet. Le chapelet, disait-il, est une sonnette; chaque *Ave Maria* est une pétition. Pour être admis aux Tuileries, ou bien dans un ministère, il faut des demandes d'audience, des protections. Pour parler à la sainte Vierge rien de plus simple, on tire la sonnette, on prend son chapelet, vite la porte est ouverte, on présente sa pétition, et la sainte Vierge est si bonne, qu'à moins de raisons particulières, la prière est aussitôt exaucée. » Ce pieux médecin disait toujours une ou deux dizaines de chapelet pour ses malades, en se rendant à leur domicile pour leur faire sa visite.

Porter le scapulaire. Il est glorieux d'être revêtu de cette livrée de l'auguste Marie, Mère de Dieu et Reine de l'univers. De plus, c'est très avantageux, car Marie est touchée de la marque d'amour et de respect qu'on lui donne en la portant, et elle s'en montre reconnaissante par des bienfaits.

Je porterai toute ma vie le scapulaire connu sous le nom de *scapulaire de Notre-Dame du Carmel.* La sainte Vierge, dans une apparition au bienheureux Simon Stock, général des Carmes, a dit au sujet de ce scapulaire : « Celui qui mourra revêtu de cet habit sera préservé des feux éternels : c'est un signe de salut, une sauvegarde dans les périls et le gage d'une paix et d'une protection spéciale jusqu'à la fin des siècles. » Et dans une apparition au pape Jean XXII, elle a promis de délivrer du purgatoire, le premier samedi après leur mort, ceux qui l'auraient porté. C'est là assurément un grand privilège, mais, pour y avoir part, il y a deux conditions à remplir. La première est de vivre chastement, et la seconde de réciter l'office divin ou le petit office de la sainte Vierge tous les jours pour ceux qui savent lire ; et pour ceux qui ne le savent pas, d'observer les jeûnes de l'Eglise et de faire maigre tous les mercredis et samedis de l'année, le jour de Noël excepté. Cette obligation de l'office ou du maigre peut être commuée ou réduite, lorsque cela est nécessaire. Tout prêtre muni du pouvoir de bénir et d'imposer le scapulaire du Carmel a aussi d'ordinaire la faculté de faire cette commutation ou réduction.

Scapulaire de l'Immaculée Conception. Je porterai aussi ce scapulaire uni au précédent et attaché aux deux mêmes cordons. Le divin Sauveur apparaissant un jour avec sa très sainte Mère, à la vénérable Ursule Benincasa, fondatrice des Religieuses Théatines, lui fit connaître qu'il accorderait des grâces toutes spéciales, une surabondance de biens spirituels aux fidèles qui en seraient revêtus, pourvu qu'ils vécussent chastement et fussent animés d'une vraie dévotion envers l'auguste Vierge qui a été conçue sans le péché originel.

Avec chacun de mes deux scapulaires je puis gagner beaucoup d'indulgences plénières et partielles; il suffit pour cela que je remplisse certaines conditions. Par exemple, avec mon scapulaire de l'Immaculée Conception, je puis gagner toutes les indulgences plénières et partielles accordées à ceux qui visitent les sept basiliques de Rome, la basilique de Sainte-Marie des Anges à Assise, l'église de Saint-Jacques à Compostelle, et la terre sainte de Jérusalem : et cela chaque fois que je récite six *Pater, Ave et Gloria Patri*, en l'honneur de la très sainte Trinité et de la bienheureuse Vierge Marie, conçue sans péché, pour l'exaltation de la sainte Eglise, l'extirpation des hérésies, la paix et la concorde entre les princes chrétiens. Toutes ces indulgences sont applicables aux âmes du Purgatoire.

Il m'est donc très avantageux de porter mes scapulaires; je ne les quitterai jamais. Je les porterai par amour pour vous, ô Marie, et pour le bien de mon âme. Daignez, ma bien-aimée Mère, m'accorder toujours la faveur d'une protection spéciale. Préservez-moi de tout malheur et surtout d'une mauvaise mort. Faites par votre maternelle assistance que j'accomplisse chrétiennement mon pèlerinage en ce monde, et que je parvienne au bonheur éternel en l'autre!

Faits historiques.

Des milliers de faits montrent que le scapulaire de la sainte Vierge est une sauvegarde dans les périls. Je note les suivants. Au siège de Montpellier, sous Louis XIII, un soldat reçut un coup de mousquet, comme il montait à l'assaut; mais la balle, après avoir percé ses habits, s'aplatit sur son scapulaire et s'arrêta sans lui faire de mal. Le Roi qui se trouvait au siège, fut témoin de ce prodige de protection et il en fut si fortement impressionné qu'il s'empressa de prendre lui aussi, le scapulaire de la sainte Vierge; il le porta ensuite pieusement toute sa vie.

En 1870, au moment où commençait la déroute de Forbach, un capitaine arriva à l'ambulance du quartier général avec six hommes. Le vieux soldat, dont la figure était inondée de sang et de sueur,

s'approche du personnel de l'ambulance et d it av e
une animation extrême. « Messieurs, voici le capitaine et sa compagnie : de tous mes pacuvres
enfants, voici les six qui me restent. Messieurs, je
ne sais si vous avez la foi, mais je dois vous dire
que le capitaine et ses hommes portent le scapulaire et qu'ils professent hautement que c'est à ce
signe qu'ils doivent leur salut. » Et se découvrant
la poitrine, le vieux capitaine montra son scapulaire avec un tel élan de foi que les assistants ne
purent répondre que par un silence de respect et
d'admiration.

Le bulletin de Montauban publie la lettre tou-
chante que voici :

Cher et vénéré Directeur,

« Par un sentiment de religieuse reconnaissance
envers le bon Dieu et la sainte Vierge, je voudrais
perpétuer dans votre cher bulletin, le souvenir d'un
fait qui tient du prodige et dont mon fils aîné, chef
de gare à Moux (Aude) se trouve être l'heureux bé-
néficiaire.

« Le samedi saint, 9 avril, un traine xpress arrive
en vue de la station de Moux, au moment où une

femme traversant la voie, va être inévitablement écrasée.

« Le chef de gare se précipite sur elle, l'enlève et la sauve, en la rejetant sur le trottoir.

« Mais, au même moment, le train arrive en grande vitesse; mon fils est tamponné, saisi par la barre qui retient les lanternes de la locomotive et lancé à distance, heureusement hors de la voie. Le bruit de sa mort se répend sur toute la ligne, et arrive à ses parents, à Montauban.

« Or, de l'avis des trois médecins consultants, il n'a ni fracture, ni lésion interne. Tout se borne à une zône de meurtrissures providentiellement arrêtées à un centimètre de la colonne vertébrale et qui n'auront aucune suite fâcheuse.

« Les hommes de l'art s'étonnent avec raison que la violence du choc n'ait pas produit la mort.

« Pour moi, je n'hésite pas à attribuer le salut de mon fils à une protection spéciale du Ciel.

« Lui-même s'est écrié en présence de tous les assistants, au moment où il recouvrait ses sens :

« Mon scapulaire m'a sauvé ! »

C'est aussi la très libre pensée de son heureux et très reconnaissant père : j'ai vu le double vêtement,

la chemise et jusqu'au gilet de flanelle en lambeaux :
le scapulaire seul est intact.

Que les lecteurs pieux du *Bulletin* catholique,
parmi lesquels je compte beaucoup d'amis, veuil-
lent bien m'aider à remércier Dieu et la sainte Vierge
d'avoir visiblement préservé mon cher enfant.

Votre respectueux serviteur en Notre-Seigneur.

CHARLES BIERMANN,
Ingénieur en retraite.

XV

J'aurai toujours une dévotion spéciale envers saint Michel archange, de mon ange gardien, envers saint Joseph et mes saints Patrons.

1° Saint Michel est le chef de la milice angélique. Plein de zèle pour la défense de l'Eglise militante, il la protège sans cesse contre les attaques des démons et des hommes impies. Dieu lui a confié les âmes des saints pour les conduire au ciel.

J'aurai une grande vénération pour cet admirable archange, et je lui dirai souvent : « saint Michel archange, défendez-nous dans le combat. Soyez notre secours contre la méchanceté et les embûches du diable. Très glorieux Prince, souvenez-vous de nous. Priez toujours pour nous le Fils de Dieu. »

2° C'est par le ministère des anges que Dieu conserve et gouverne tout cet univers. L'Eglise m'enseigne qu'il y a un ange préposé, par Dieu, à ma garde. Je ne vois pas mon ange gardien, comme sainte Cécile, vierge et martyre, voyait le sien, mais je sais qu'il veille sur moi et me protège. Je lui dois une grande reconnaissance pour les services qu'il ne cesse de me rendre. J'aurai toujours pour lui une vénération spéciale, je penserai à sa présence auprès de moi; je suivrai ses bonnes inspirations, j'imiterai sa fidélité au Seigneur et je lui adresserai souvent la prière suivante, enrichie d'indulgences par Pie VI et Pie VII.

« Ange de Dieu, qui êtes mon gardien par un bienfait de la divine charité; éclairez-moi, protégez-moi, dirigez-moi et gouvernez-moi. Ainsi soit-il. »

3° Saint Joseph, époux de Marie, a été sur la terre le protecteur visible de cette Vierge bénie et le père nourricier du Sauveur du monde; il a été un modèle parfait d'humilité, d'obéissance, de chasteté virginale et de toutes les vertus. Grande est la gloire dont il jouit dans le ciel. Grande est sa puissance, car que peuvent lui refuser Jésus et Marie, qu'il a servis avec tant de dévouement sur la terre? Pie IX l'a proclamé protecteur de l'Eglise. Les fidèles l'invoquent avec confiance pour obtenir toutes sortes de grâces par son intercession, surtout la grâce d'une bonne mort. Sainte Thérèse assure qu'elle n'a jamais rien demandé par l'intercession de saint Joseph sans l'avoir obtenu.

« Grand saint, je vous vénère et je vous aime, je me mets sous votre protection. Priez pour moi maintenant et à l'heure de ma mort. »

4° Le jour de mon baptême, l'Eglise par l'organe de son ministre, m'a choisi dans le ciel pour patron, un des saints illustres qui ont été ses enfants sur la terre et qu'elle a glorifiés en leur décernant un culte particulier. Je l'honorerai ce saint protecteur, je l'invoquerai souvent, je le remercierai de son dévouement pour moi; je serai plein d'affection pour lui, je célèbrerai sa fête, je lirai sa vie et j'imiterai ses vertus.

j'agirai de même à l'égard du saint Patron de mon diocèse, du saint Patron ou de la sainte Patronne de ma paroisse.

Mes saints Patrons, intercédez pour moi; obtenez-moi la grâce de marcher sur vos traces, de triompher de Satan, du monde et de moi-même, et enfin de parvenir au port du salut éternel.

Trois exemples de la puissance et de la bonté de saint Joseph.

Le fait suivant est rapporté par des auteurs très sérieux et dignes de foi :

Deux Pères Franciscains naviguaient sur les côtes de Flandre, lorsqu'il s'éleva une affreuse tempête qui submergea le navire avec trois cents passagers qui s'y trouvaient. La divine Providence permit que ces deux religieux s'emparassent d'une des épaves du navire, sur laquelle ils se soutinrent, entre la vie et la mort, pendant trois jours, ayant sans cesse sous les yeux, l'abîme immense qui menaçait de les engloutir. Fidèles serviteurs de saint Joseph, pleins de confiance en sa protection, ils se recommandèrent à lui comme à leur véritable planche de salut après le nauffrage, et à la douce Étoile qui devait les conduire au port. A peine eurent-ils achevé leur prière, qu'elle fut exaucée; l'orage se dissipa, l'air devint serein, la mer s'apaisa et ils se mirent à espérer au fond de leur cœur. Mais ce qui les combla de joie, ce fut la vue d'un jeune homme plein de grâce et de majesté, qui, après les avoir salués avec bonté, s'offrit à leur servir de guide. Ils avancent déjà, ils voguent heureusement; la mer et les vents rendent obéissance à celui à qui le Dieu de la mer et des vents avait autrefois obéi. Arrivés sur le rivage, les deux religieux se jettent aux pieds de leur libérateur, qu'ils ne connaissent pas et qu'ils croient être un ange; après lui avoir offert les plus vives actions de grâces, ils le prient instamment de vouloir bien leur dire son nom : « Je suis Joseph, leur répondit-il, si vous voulez faire quelque chose qui me soit agréable, ne laissez passer aucun jour sans réciter dévotement quelques prières en mémoire des sept Douleurs dont mon âme fut affligée, et en considération des sept Allégresses dont mon cœur fut souverainement consolé pendant les jours que je passai sur la terre dans la compagnie de Jésus et de Marie.

« A ces mots, il disparut, les laissant comblés de la joie la plus vive, et pénétrés du désir le plus sincère de l'honorer et de le servir tous les jours de leur vie.»

Conversion merveilleuse.

Un père de famille vivait depuis de longues années dans l'oubli de ses devoirs religieux. Au mois de mars, sa femme et ses enfants entreprirent une neuvaine à saint Joseph pour obtenir sa conversion. La clôture en fut fixée au 19, jour de la fête du saint.

Au même jour, cet homme, ignorant ce que les siens faisaient à son intention, entra par hasard dans une église; il y entendit une instruction qui le toucha, et il se confessa avant de sortir. Il a persévéré depuis dans les meilleures dispositions.

Autre conversion.

Depuis près de quarante ans, Mme D*** et sa pieuse fille se réunissaient aussi souvent que possible, dans un endroit retiré de leur habitation, pour y réciter ensemble le Rosaire, afin d'obtenir la conversion de M. D***, leur époux et père, homme d'honneur et d'une conduite irréprochable, très instruit, et parlant à la perfection huit langues. Ses notions religieuses toutefois étaient fort bornées.

Protestant de nom, il ne se donnait guère la peine d'approfondir ni de pratiquer sa religion. Il se laissait dominer par la malheureuse pensée que les catholiques se rendent coupables d'idolâtrie envers la sainte Vierge et les saints. Il ne voulait jamais discuter avec calme, quand on lui démontrait la différence qui existe entre *invoquer et adorer*. Ses enfants n'osaient réciter *l'Ave Maria* en sa présence, de crainte de l'exciter à l'impatience. Au mois de mars 1862, les infirmités de ce vieillard, âgé de soixante-dix-neuf ans, augmentèrent considérablement, et tout faisait appréhender une mort prochaine, sans le moindre espoir de conversion. Les zélés missionnaires qui desservent la chapelle catholique du faubourg de Londres, où se trouve l'habitation de cette famille, n'osaient plus lui parler de son état, et diminuèrent leurs visites pour ne pas l'irriter.

Mais on conseilla à sa pieuse fille d'avoir recours à saint Joseph, de se faire inscrire avec sa mère dans l'archiconfrérie de saint Joseph de Chêne et de traduire en anglais quelques circulaires du Père Louis pour faire connaître le but, les avantages et les progrès de cette nouvelle Archiconfrérie, afin de les publier dans une feuille périodique destinée aux familles catholiques : ce qu'elle fit, continuant à tout offrir à saint Joseph, pour obtenir la conversion de son père.

La seconde semaine après Pâques, cette feuille circulait déjà en Angleterre et en Irlande, d'où des listes nombreuses, contenant des centaines de noms, furent envoyées à Angers, pour être inscrites dans l'Archiconfrérie.

Le samedi, 10 mai, veille du troisième dimanche après Pâques, fête du patronage de saint Joseph, l'état du malade devint alarmant : ses souffrances faisaient pitié ; mais on n'osait lui parler de son âme pour ne pas l'exaspérer. Il ne put fermer l'œil toute la nuit ; peu après minuit, il commença à réciter l'*Ave Maria* à haute voix, aussi correctement qu'un catholique, avec une onction qu'on ne pouvait guère attendre d'un pieux fidèle sous l'impression de pareilles douleurs ; ce qu'il réitéra un grand nombre de fois ; à plusieurs reprises, jusque vers cinq heures du matin ; alors il demanda avec instance un prêtre catholique, qui s'empressa de venir achever ce que la sainte Vierge et saint Joseph avaient si miséricordieusement commencé : Le malade fit sa confession à plusieurs reprises, et son abjuration à cinq heures du soir, le jour même de la fête du patronage de saint Joseph.

XVI

Je porterai habituellement sur ma poitrine
un crucifix bénit et indulgeacié.

Je le baiserai avec piété tous les jours de ma vie et le presserai sur mes lèvres à l'heure de ma mort.

Il me rappellera la malice de mes péchés, la rigueur de la justice de Dieu, qui en a exigé l'expiation ; sa sagesse et sa miséricorde, qui m'ont donné un Sauveur capable de les expier ; la charité de ce Sauveur qui a daigné s'en charger et les a expiés par sa mort sur la croix.

Il me dira combien je dois d'amour à Dieu, qui m'a tant aimé, et à l'Homme-Dieu, qui a versé son sang pour me racheter. Sainte Véronique, capucine, ne pouvait regarder un crucifix sans fondre en larmes. Mon Dieu! brisez la dureté de mon cœur, rendez-le sensible et daignez me faire comprendre « la largeur, la longueur, la hauteur et la profondeur de votre charité dans le mystère de la Rédemption du monde, la grandeur de la charité de Jésus-Christ qui surpasse toute science (1). »

Ce crucifix me dira aussi d'imiter l'extrême humilité, l'extrême patience, l'extrême obéissance et l'extrême charité de mon adorable Sauveur; il me dira de crucifier ma chair par la mortification et la pénitence.

Enfin avec saint Bonaventure, je me plairai à voir dans mon crucifix un emblème de la monarchie universelle de mon Seigneur Jésus-Christ, dont elle indique la toute-puissance au ciel par son sommet, la toute puissance sur la terre par ses bras et la toute-puissance aux enfers par son pied.

Cette suprématie à laquelle il avait droit en sa qualité de Fils de Dieu, lui a aussi été donnée

(1) Epître aux Ephésiens, iii.

en récompense de son obéissance : « Le Christ s'est humilié lui-même, s'étant fait obéissant jusqu'à la mort et à la mort de la croix. C'est pourquoi Dieu l'a exalté et lui a donné un nom, qui est au-dessus de tout nom, afin qu'au nom de Jésus tout genou fléchisse dans le ciel, sur la terre et dans les enfers, et que toute langue confesse que le Seigneur Jésus est dans la gloire de Dieu le Père (2). » Seigneur Jésus, avec vous, en vous et par vous, j'obéirai toujours parfaitement à votre Père, qui m'ayant adopté en vous pour fils, est aussi mon Père. Il a exalté votre sainte humanité à cause de votre obéissance, il daignera m'exalter en vous, à cause de la mienne.

Profanation d'un crucifix punie de mort.

Le 25 janvier 1881, dans la commune de Wavignies, du canton de Saint-Just, un homme échauffé par le vin, les mauvais journaux et les propos impies, prit un crucifix, lui cassa les jambes et le

(2) Epître aux Philippiens, xi.

jeta dans une poële en blasphémant et en riant. Le lendemain, ce même homme passant devant un calvaire s'écria tout à coup : « On me coupe les jambes ! » et il s'affaissa, et le surlendemain, dans l'après-midi, à l'heure même où il avait commis son forfait, il expira dans d'affreuses tortures. Il y a de nombreux exemples de profanations du crucifix, immédiatement punies par Dieu. Il y a peu de pays où un fait de ce genre ne se soit produit.

XVII

J'aurai toujours près de mon lit une belle image bénite du Sacré-Cœur et je l'invoquerai.

Cela m'attirera toutes sortes de bénédictions : c'est ce qui ressort de la promesse faite par Jésus à la bienheureuse Marguerite-Marie : « Je prends une singulière complaisance à voir les sentiments de mon cœur et de mon amour honoré sous la figure œ: de cur de chair, te que je te l'ai montré et dont je veux que l'image soit exposée en public, afin de toucher le cœur insensible des hommes. Je répandrai avec abondance sur le cœur de ceux qui l'honoreront le trésor des grâces dont mon cœur est rempli ; et *partout où cette image sera exposée pour y être particulièrement honorée, elle y attirera toutes sortes de bénédictions.* »

J'aimerai à prier et à méditer devant mon image du Sacré-Cœur. Je dirai souvent en la voyant : « Doux cœur de Jésus, soyez mon amour. » Ou bien : « Doux cœur de Jésus, faites que je vous aime chaque jour davantage. » Jésus, doux et humble de cœur, faites mon cœur semblable au vôtre. A chacune de ces invocations sont attachées des indulgences. Je réciterai aussi, fréquemment, la belle prière suivante, tirée des Œuvres de Marie Lataste :

« Cœur aimable de mon Sauveur, je vous adore; cœur débonnaire de mon Jésus, je vous aime; cœur très miséricordieux, je vous donn e mon cœur et suis très vivement touché de tout ce que vous avez fait et souffert pour moi. Oui, je vous donne mon cœur, tout entier, attachez-le à vous à jamais, embrasez-le de votre amour, inspirez-lui vos sentiments, faites-lui connaître vos volontés et pratiquer vos vertus. »

8

XVIII

*Je penserai souvent aux fins dernières
de l'homme.*

Dans toutes tes œuvres, rappelle-toi tes fins dernières, dit le Saint-Esprit, et jamais tu ne pècheras (1). »

Les fins dernières de l'homme sont la mort, le jugement, le paradis ou l'enfer.

La mort.

« Souviens-toi, ô homme, que tu es poussière et que tu retourneras à la poussière. » Ainsi s'exprime l'Eglise en m'imposant les cendres au c mmencement du carême, et, par ces pa—roles, elle m'exhorte à penser qu'un jour je mourrai.

(1) Eccli ; vii, 40.

Je dois penser à la mort pour bien vivre. « De même, dit saint Bonaventure, que le pilote se place à la proue de son navire pour le bien diriger, de même aussi l'homme doit se mettre par la pensée à son lit de mort pour bien régler sa vie. »

Je mourrai, *cela est certain :* « Il est arrêté que les hommes meurent une fois (1). » Vient un temps où le mal est plus fort que les remèdes et, bon gré, malgré, il faut mourir.

Quand mourrai-je? je l'ignore : ce sera peut-être aujourd'hui ou demain! En tout cas, ce sera bientôt, car la vie humaine est de courte durée : « qu'est-ce que votre vie? dit l'Apôtre saint Jacques; c'est une vapeur qui paraît pour un peu de temps et qui ensuite sera dissipée (2). »

Comment mourrai-je! Je n'en sais rien. Ce sera peut-être subitement et à l'improviste, comme bien d'autres. Donc nécessité pour moi d'être toujours prêt à comparaître au tribunal

(1) Epître aux Hébreux, ix.
(2) Epître, iv, 15.

de Jésus-Christ, c'est-à-dire, d'être constamment en état de grâce. « Que vos reins soient ceints, et ayez en vos mains les lampes allumées..... Tenez-vous prêts, parce qu'à l'heure que vous ne pensez pas, le Fils de l'Homme viendra (1). » Combien d'âmes sont en enfer pour n'avoir pas tenu compte de ce salutaire avertissement du divin Maître!

A ma mort, je quitterai tout ce que je possède en ce monde; je serai séparé de tous les hommes, et mon corps, devenu cadavre, sera porté en terre. Là, s'accomplira à mon égard l'arrêt du Seigneur sur Adam pécheur et sur sa postérité : « Puisque tu es poussière, tu retourneras en poussière (2). »

Que me restera-t-il à ma mort du travail de toute ma vie? Rien, absolument rien, sinon les bonnes œuvres que j'aurai faites en état de grâce et en vue de Dieu. Encore faudra-t-il que je ne les aie pas perdues par le péché mortel;

(1) Luc, xii.
(2) Genèse, iii-15.

ou tout au moins que je les aie recouvrées par la pénitence. Oh! comme cela montre que tout est vanité, excepté aimer Dieu et le servir! Détournez mes yeux, ô mon Dieu, afin qu'ils ne voient pas la vanité; faites-moi vivre dans vos sentiers (1). »

Si je fais une bonne mort, c'est-à-dire si je meurs dans la grâce de Dieu, je serai sauvé, je serai éternellement heureux dans le ciel, et au grand jour de la résurrection des morts, mon corps, que je reprendrai alors, sera doué des qualités glorieuses du corps de Jésus-Christ.

Si, au contraire, je fais une mauvaise mort, c'est-à-dire si je meurs en péché mortel, je serai damné, je serai éternellement malheureux en enfer et quand, par ordre de Dieu, l'ange sonnera de la trompette pour la résurrection des morts, mon corps me sera rendu incorruptible, à la vérité, mais dans une condition telle qu'il subira l'action de tout ce qui est propre à affliger les sens.

(1) Ps. cxviii.

Ma mort sera l'événement duquel dépendra mon sort éternel. Si elle est chrétienne, elle sera pour moi l'événement par excellence. Si elle ne l'est pas, elle sera pour moi l'événement le plus funeste. Donc ce qui m'importe le plus en ce monde c'est de *mourir chrétiennement*. Je mourrai certainement ainsi, si ma vie est constamment chrétienne, si je vis habituellement et continuellement dans la grâce de Dieu.

Commettre un seul péché mortel serait m'exposer à une mauvaise mort. En commettre plusieurs, serait m'y exposer davantage encore. « N'ajoute pas péché sur péché, dit le Saint-Esprit, et ne dis pas : la miséricorde du Seigneur est grande ; de la multitude de mes péchés, il aura pitié. Car la miséricorde et la colère qui viennent de lui s'approchent rapidement, et sa colère regarde attentivement les pécheurs (1). »

Enfin ce serait grandement m'exposer à ce malheur d'une mauvaise mort, que de con-

(1) Eccli. v. 6. 7.

tracter quelqu'habitude de péché mortel, car cette horrible habitude éloignerait de moi les grâces divines, du moins en partie, elle m'aveuglerait, m'endurcirait et à l'heure de ma mort, elle serait un lien difficile à rompre, que je ne romprais très probablement pas; un lien par conséquent qui me ferait très probablement mourir dans l'impénitence. — Mon Dieu, ne permettez pas, je vous en prie, que j'aie la folie de m'exposer au péril d'une mauvais mort. Soutenez-moi dans votre amour, ô Père infiniment miséricordieux. Que ma vie soit constamment chrétienne, que ma mort soit celle du juste. Préservez-moi de l'affreuse mort du pécheur!

Exemples.

Mozart (1), le plus célèbre musicien de la dernière période du dix-huitième siècle, pensait souvent à la mort. Dans une lettre à son père, il disait :

« Comme la mort, à la bien considérer, est le vrai but de notre vie, je me suis depuis plusieurs

(1) Mort en 1791.

années tellement familiarisé avec ce véritable ami de l'homme, que son image, loin d'être effrayante pour moi, n'a rien que de doux et de consolant. Je remercie mon Dieu de m'avoir accordé la grâce de reconnaître la mort comme la clef de notre véritable béatitude. Je ne me mets jamais au lit sans penser que, tout jeune que je suis, je puis ne pas me relever le lendemain; et cependant aucun de ceux qui me connaissent ne pourra dire que dans l'habitude de la vie, je sois morose ou triste; je rends grâce tous les jours à mon Créateur de ce bonheur, et le souhaite de tout mon cœur à tous les hommes, mes frères. »

Afin de penser plus souvent à la mort, le cardinal Baronius portait au doigt un anneau sur lequel étaient gravés ces mots : « Souviens-toi que tu dois mourir.»

Pour le même motif, Saint Charles Borromée avait une tête de mort sur sa table de travail, et l'Empereur Maximilien Ier, de la maison d'Autriche, avait fait faire sa bière quatre ans avant de mourir. Il l'avait toujours dans sa chambre et quand il voyageait, il la faisait toujours porter avec lui. St Silvestre, abbé, voyant un jour le cadavre difforme d'un de ses proches, dont on venait d'ouvrir le tombeau, se dit à lui-même : « Je suis ce qu'il a été ; ce qu'il est, je le serai. » Et pénétré de cette pensée, il se retira aussitôt dans une solitude, où pour mieux se préparer à la mort, il s'imposa une vie de prières, de veilles et de jeûnes, se contentant le plus souvent d'herbes crues pour sa nourriture.

Saint Bernard avait coutume de se dire souvent pendant le jour : si tu devais mourir aujourd'hui, ferais-tu cela? Et quand il commençait quelque bonne action ou quelqu'œuvre d'obligation, il se demandait : si tu devais mourir après cette action, comment la ferais-tu ? Et ainsi par le souvenir de la mort, il se maintenait dans une continuelle ferveur.

Le grand Condé, plus encore dans son lit de mort que sur le champ de bataille, s'écriait en voyant approcher sa dernière heure : « Ah! que je vois les choses différemment que je ne les ai vues dans le cours de ma vie. »

Il meurt chaque jour, de mort subite, beaucoup de personnes de tout âge, de toute condition, et de toute qualité. Les uns expirent dans leur domicile; les autres dans la rue ou ailleurs; ceux-ci en mangeant, en portant le verre à la bouche, comme Casimir, roi de Pologne; ceux-là en s'amusant, en se reposant, en travaillant, en conversant, ou en faisant quelqu'autre chose.

Tel périt dans un accident de chemin de fer, dans un incendie, dans un naufrage, dans un éboulement, dans un tremblement de terre, dans une explosion, tel est frappé par la foudre; tel autre succombe sous les coups d'un assassin. Chacun est plus ou moins exposé à mourir subitement et à l'improviste. Comment un pécheur peut-il vivre sans trembler?

Beaucoup de pécheurs meurent sans confession et sans pénitence. Parmi ceux qui se confessent à leurs derniers moments, il s'en trouve qui ne reviennent pas à Dieu du fond de leur cœur, et ne satisfont pas à toutes les exigences de la conscience.

Parmi les docteurs de l'Université de Paris, saint Bruno avait un grand ami, estimé vertueux et savant. Il mourut et tous les membres de l'université assistèrent à ses funérailles. Pendant le service; lorsque l'un des petits choristes commença la leçon de Job : « *Responde mihi, quantas habeo iniquitates* » le corps du défunt, qui était dans le cercueil, au milieu de l'église, leva la tête et dit d'une voix effroyable : « Je suis accusé par un juste jugement de Dieu! » et il se remit dans son cercueil.

Les terreurs causées par un évènement aussi

étrange firent différer l'enterrement au lendemain pour voir ce qui arriverait. La renommée assemble à l'église une assistance beaucoup plus nombreuse. Pendant l'office à la même leçon, le cadavre s'écria d'une voix plus horrible encore : « Je suis jugé par un juste jugement de Dieu! » Le peuple fut plus effrayé et on ne l'enterra point ce jour-là. Le troisième jour il se leva encore en s'écriant d'une voix éclatante et terrible : « Je suis condamné par un juste jugement de Dieu! » Ces paroles glacèrent le sang dans les veines de ceux qui les entendirent. On jeta le corps du mort à la voierie : car il ne devait point reposer en terre sainte, celui qui avouait sa propre condamnation.

Pour le juste, la mort est un gain; elle ne lui est pas amère comme au prochain.

Le martyr Pionius allant au supplice étonnait ceux qui le conduisaient par le contentement qui paraissait en lui : « Comment, lui dirent-ils, pouvez-vous marcher si gaiement à la mort? » « vous vous trompez, leur répondit Pionius, ce n'est pas à la mort que je vais, mais à la vie. »

Saint Camille de Lellis ayant été averti que sa dernière heure approchait, en témoigna de la joie.

Je me réjouis, s'écria-t-il, des paroles qui m'ont été

dites. Nous irons dans la maison du Seigneur :
*Lætatus sum in his quæ dicta sunt mihi, in domum
Domini ibimus.* »(1)

O mort qui me donnes la vie,

disait sainte Thérèse,

Je t'attends ; comble mon désir.
Oh ! viens, viens m'ouvrir la patrie,
Je me meurs de ne point mourir. »

On lit dans un auteur grave (2), qu'un grand
seigneur étant un jour à la chasse, et tous ses gens
s'étant écartés de différents côtés après plusieurs
pièces de gibiers, il en suivit une, jusque dans un
bois fort éloigné et que, comme il voulait passer
plus avant, il entendit la voix d'un homme qui
chantait très agréablement. Surpris d'entendre une
si belle voix dans un lieu si retiré et sachant que ce
ne pouvait être celle d'aucun de ses gens, ni d'aucune autre personne du pays, il eut la curiosité
de savoir ce que ce pouvait être, et traversant le

(1) Ps. cxxi.
(2) Flor. de Henrig. Grand liv. iv. ch. 68.

bois du côté d'où venait la voix, il rencontra un homme si défiguré de la lèpre, que les chairs rongées par la pourriture, lui tombaient par pièces de tous côtés. Il eut horreur de cette vue; cependant se faisant violence, il s'approcha du lépreux, le salua avec des paroles très honnêtes, et lui ayant demandé ensuite si c'était lui qui chantait et d'où pouvait lui venir une voix si agréable, le lépreux lui répondit que c'était lui, et que cette voix était sa voix naturelle. « Mais comment pouvez-vous vous réjouir, répliqua ce seigneur, dans le pitoyable état où vous êtes? » — « Entre Dieu et moi, repartit le lépreux, il n'y a point d'autre séparation que cette muraille de boue, qui est mon corps : quand elle sera par terre et que cet empêchement sera ôté, j'irai jouir doublement de la vue de mon Sauveur; comme je vois que chaque jour cette muraille tombe en ruines, l'excès de la joie que j'en ai me fait chanter; je n'attends plus que l'heure où elle sera démolie entièrement et où mon âme étant séparée de mon corps, je pourrai aller jouir de mon Dieu qui est la fontaine vive et la source inépuisable de toutes sortes de félicités. »

13

Le jugement.

Après ma mort je serai jugé : « Il est arrêté que les hommes meurent une fois et qu'ensuite ils sont jugés (1). »

C'est Jésus-Christ qui sera mon juge : « Nous devons tous, dit saint Paul, comparaître devant le tribunal de Jésus-Christ, afin que chacun reçoive ce qui est dû à son corps, selon qu'il aura fait du bien ou du mal (2). »

Quel moment que celui où il me faudra rendre à Jésus-Christ un compte rigoureux de l'usage de ces dons naturels qu'il m'a faits et des grâces dont il m'a comblé, de soumettre à son jugement toutes mes pensées, mes paroles et mes actions, toute ma vie !

Sainte Marie-Madeleine de Pazzi étant près de mourir, tremblait à la pensée du jugement qu'elle allait subir, et elle disait à son confesseur

(1) Epit. aux Hébreux, IX.
(2) 2ᵉ Epit. aux Corinthiens, V. « ce qui est dû à son corps, c'est-à-dire ce qui lui est dû pour le bien ou le mal qu'il a fait pendant qu'il était dans son corps. »

qui cherchait à la rassurer : « Ah! mon Père, c'est une grande chose que d'avoir à comparaître devant Jésus-Christ pour être jugé. »

Si la crainte du jugement impressionnait si fort cette grande sainte, que ne doit-elle pas produire sur moi, misérable pécheur? Jésus-Christ me jugera selon la vérité de la science qui me voit et me pénètre; de sa sainteté qui hait essentiellement le péché; de sa justice, qui est absolument incorruptible. Malheur à moi! si, placé dans la balance, j'étais trouvé *sans le poids de mérites requis pour le ciel. Oui, malheur à moi!* car alors par un juste arrêt, il me condamnerait à l'enfer et je l'entendrais me dire ces foudroyantes paroles : Va loin de moi, maudit, au feu éternel qui a été préparé au Démon et à ses anges (1). »

Cet arrêt prononcé par le souverain juge serait irrévocable et au grand jour du jugement dernier, après la résurrection des morts, il serait confirmé à la face des Elus et des réprouvés.

(1) Voyez Matth., xxv-51.

Prière.

Seigneur Jésus, plein de miséricorde! je me jette à vos pieds et je vous conjure de ne pas permettre que je sorte de ce monde en état de péché mortel. Juste Juge, Juge vengeur, accordez-moi la rémission de mes péchés avant le jour du rendement des comptes. Pour moi vous avez été flagellé, couronné d'épines et crucifié; pour moi vous avez expiré entre deux larrons. Ah! que tant de souffrances n'aient pas été endurées en vain! Sauvez-moi!

Le jugement de Dieu sera d'autant plus rigoureux qu'on aura plus méprisé sa bonté. Dieu rendra à chacun selon ses œuvres; rien ne sera oublié. Dieu regardera non le visage, mais le cœur. Devant Dieu, au jour du jugement, subsisteront seulement les œuvres moralement bonnes, faites en charité. Tout ce qui aura été infecté de vanité, d'amour désordonné de soi-même, sera comme du foin et de la paille qui se réduisent en cendres. Il est terrible de tomber entre les mains d'un Dieu vivant quand on est coupable de péché mortel. Au grand jour du jugement dernier, qui sera par excellence le jour du Seigneur, toutes les pensées, toutes les volontés, toutes les actions de chacun seront manifestées publiquement.

L'apôtre saint Paul au chapitre V de la IIe Épître aux Corinthiens dit: « Nous devons tous sans exeption paraître devant le tribunal de Jésus-Christ, afin que chacun reçoive ce qui lui est dû, ou la récompense, ou le supplice, selon la bonne où mauvaise vie qu'il aura menée tant qu'il aura été en son corps. » Le Père Bernardin de Picquigny commente ainsi ces paroles : « Remarquez cinq choses terribles en ce jugement.

1° Il sera *universel* — Nous tous : pas un n'en sera exempt. *Omnes nos.*

2° Il sera *nécessaire et inévitable*. Il faut — nous devons. *Opportet.*

3° Il sera clair, certain, manifeste, il s'y fera une manifestation publique de nos penchants, de nos volontés, de nos actions. *Manifestari.*

4° Il sera irrévocable, parce qu'il se fera devant le tribunal de Jésus-Christ, juge souverain.

5° Il sera très équitable. « Chacun recevra ce qui lui sera dû. » Selon ce qu'il aura fait, ce qu'il aura voulu, ce qu'il aura dit, ce qu'il aura pensé.

Ah! qu'il est terrible de tomber entre les mains d'un Dieu vivant, quand on est coupable d'un péché mortel! Pour éviter ce malheur, détestez tous vos péchés. Et poursuivant la lecture de saint Paul le commentateur dit : « Ayant donc continuellement sous les yeux cet effroyable jugement, nous marchons sincèrement devant Dieu, et nous nous étudions de persuader aux hommes notre droiture », pour ne donner de scandale à personne. Pour être irrépréhensible devant Dieu, il ne suffit point de ne pas faire le mal; il ne suffit pas d'avoir bien fait devant Dieu, il faut aussi s'être efforcé de ne pas donner occasion au prochain de juger mal de nous.

Tant est grande la charité que nous devons au prochain !

Exemple.

Saint Arsène étant sur le point de mourir tremblait à la pensée de la rigueur du jugement de Dieu.
« Eh quoi ! vous tremblez, Arsène, » lui dirent ses
disciples.

« Oui je tremble, répondit-il, et ce n'est pas d'aujourd'hui, car voilà plus de quarante ans que je ne
cesse de redouter le jugement de Dieu.

« Sachez, mes frères, que le juste sera à peine
sauvé ; et que deviendra le pécheur ? »

Saint Jérôme ne pouvait s'empêcher de penser au
redoutable jugement de Dieu ; il lui semblait continuellement entendre la voix terrible qui dira :
« Morts, levez-vous, venez au jugement » et il
tremblait de tout son corps.

L'Enfer.

Oh ! que je serais malheureux si je tombais
en enfer par une mauvaise mort ! Que je
souffrirais dans cette prison noire et infecte,
dans cet horrible abîme d'où l'on ne sort
jamais ! Mes souffrances seraient de deux sortes :

elles consisteraient dans la peine du dam et dans la peine du sens.

La peine du dam serait cette affliction inexprimable que cause aux damnés la privation de Dieu et du Paradis; de Dieu le souverain bien, l'auteur et la source de tout bien; du paradis, le magnifique et délicieux séjour des Elus.

A cette peine, plus grande que je ne puis le comprendre ici-bas, à cette peine immense se joindrait le regret impérissable de l'avoir encourue par ma propre faute, pour des futilités et pour toujours! Ce regret serait comme un ver rongeur qui me tourmenterait durant toute l'éternité.

La peine des sens serait multiple : ce serait la peine des ténèbres, la peine tantôt d'un feu inextinguible qui brûle sans consumer; tantôt d'un froid glacial, la peine de toutes sortes de puanteurs; la peine d'un bruit incessant et lugubre; la peine des vues les plus effrayantes, la peine d'une soif brûlante que rien n'étancherait; la peine de mille afflictions et ennuis provenant de l'abominable société des Démons

et des autres damnés, etc., chacun de mes sens
corporels et spirituels aurait son supplice, qui
serait en rapport avec l'abus que j'en aurais fait
sur la terre.

Toutes ces peines seraient absolument iné-
vitables, et pour comblé de malheur, elles ne
finiraient jamais. Si j'avais l'espoir d'en être
délivré un jour, par exemple, après autant de
millions et de milliards d'années ou de siècles
qu'il y a de feuilles sur les arbres, d'étoiles au
firmament, de gouttes d'eau dans la mer et
dans les rivières, je me consolerais; j'éprou-
verais un immense soulagement; mais non, cet
espoir, je ne l'aurais jamais, car en enfer, il n'y
a point de rédemption, et l'obstination des damnés dans le mal les rend à jamais indignes de
pardon et de délivrance.

Privé donc de tout espoir de voir finir mes
maux, ma désolation serait extrême; je sanglo-
terais, je grincerais des dents, et ainsi se véri-
fierait dans ma personne comme en celle de
chaque damné, ce que l'éternelle vérité, parlant

13.

de l'enfer, a dit : « Là sera le pleur et le grin-
cement de dents (1). »

O mon Dieu, préservez-moi de l'enfer, de la
fournaise, du feu ardent : ne permettez pas, je
vous en supplie, que je meure dans votre dis-
grâce. Conduisez-moi, ô mon Père, dans le
sentier de vos commandements ; faites-moi parvenir au délicieux séjour que vous avez préparé
pour ceux qui vous aiment.

Vsion de sainte Thérèse.

« Etant un jour en oraison, dit sainte Thérèse, je
me trouvai, en un instant, sans savoir de quelle
manière, transportée, corps et âme, dans l'enfer. Je
compris que Dieu voulait me faire voir la place que
les démons m'y avaient préparée et que j'aurais
méritée par les péchés où je serais tombée, si je
n'avais changé de vie. Cela dura très peu, mais
quand je vivrais encore plusieurs années, il me
serait impossible d'en perdre le souvenir.

« L'entrée de ce lieu de tourments me parut sem-

(1) Matth. xiii.

blable à une de ces petites rues longues et étroites, ou pour mieux dire, à un four extrêmement bas, obscur et resserré. Le sol était une horrible fange, d'une odeur pestilentielle et rempli de reptiles vénimeux. A l'extrémité s'élevait une muraille dans laquelle on avait creusé un réduit très étroit où je me vis enfermer. Tout ce qui jusqu'à ce moment avait frappé ma vue, et dont je n'ai tracé qu'une faible peinture, était délicieux en comparaison de ce que je sentis dans ce cachot. Nulle parole ne peut donner la moindre idée d'un tel tourment, il est incompréhensible. Je sentis dans mon âme un feu dont, faute de termes, je ne puis décrire la nature, et mon corps était en même temps en proie à d'intolérables douleurs, j'avais enduré de très cruelles souffrances dans ma vie et, de l'avis des médecins, les plus grandes que l'on puisse endurer ici-bas, j'avais vu tous mes nerfs se contracter d'une manière effrayante, à l'époque où je perdis l'usage de mes membres; en outre, j'avais été assaillie par divers maux, dont quelques-uns, comme je l'ai dit, avaient le Démon pour auteur; tout cela néanmoins n'est rien en comparaison des douleurs que je sentis alors; et ce qui y mettait le comble, c'était la vue qu'elles seraient sans fin et sans adoucissement.

Mais ces tortures du corps ne sont rien, à leur tour, auprès de l'agonie de l'âme. C'est une étreinte, une angoisse, un brisement de cœur si sensible, c'est en même temps une si désespérée et si amère tristesse, que j'essaierais en vain de la dépeindre. Si je dis qu'on endure à tous les instants les angoisses de la mort, c'est peu; car au dernier soupir, c'est une puissance étrangère qui semble nous ôter la vie; mais ici, c'est l'âme elle-même qui se l'arrache et qui se déchire. Non, jamais, je ne pourrai trouver d'expression pour donner une idée de ce feu intérieur et de ce désespoir, qui sont comme le comble de tant de douleurs et de tourments. Je ne voyais pas qui me les faisait endurer et je me sentais brûler et comme hacher en mille morceaux : je ne crains pas de le dire, le supplice des supplices, c'est ce feu intérieur et ce désespoir de l'âme. Toute espérance de consolation est éteinte dans cet effroyable séjour; on y respire une odeur pestilentielle et on y manque d'espace pour s'asseoir ou pour se coucher. Telle était ma torture dans cet étroit réduit creusé dans le mur, où l'on m'avait enfermée; les murailles de ce cachot, effroi des yeux, me pressaient elles-mêmes de leur poids. Là tout vous étouffe; point de lumière; ce ne sont que ténèbres de la plus sombre obscurité ; et cependant, ô mystère ! sans qu'aucune clarté brille, on aperçoit tout ce qui peut être le plus pénible à la vue.

« Il ne plut pas à Notre-Seigneur de me donner alors une plus grande connaissance de l'enfer. Il m'a montré depuis des châtiments encore plus épouvantables, infligés à certains vices. Il s'est écoulé à peu près six ans depuis cette vision et je suis encore saisie d'un tel effroi en l'écrivant que mon sang se glace dans mes veines (1). »

Le ciel ou paradis.

Si, par une mort chrétienne, je parviens au ciel, dans cet admirable et charmant séjour des Bienheureux, je serai éternellement avec Dieu, la vie même, le souverain bien et l'auteur de tout bien ; je lui serai uni et participerai à sa divinité comme le fer participe au feu dans lequel il est plongé.

J'éprouverai un bonheur indicible à le voir, à le contempler, à le louer, à l'aimer et à être

______

(1) *Vie de sainte Thérèse*, écrite par elle-même, **ch.** XXXII.

aimé de lui; il m'abreuvera du torrent de ses délices, je serai enivré de sa félicité. O Dieu, infiniment aimable, mon principe et ma fin, je vous désire, j'ai faim et soif de vous. Ah! donnez-vous à moi, que vous avez créé à votre image et que vous avez fait votre enfant par le baptême!

Au ciel, je serai éternellement avec l'Homme-Dieu, mon Sauveur et Seigneur Jésus-Christ, Roi et pontife suprême de l'univers, que la multitude des anges adorent et louent. Il remplit des splendeurs de sa gloire tous les membres de l'Eglise triomphante et les comble des dons de son amour. Ah! Jésus! vrai Pain de vie, dont je me nourris dès à présent par la communion sacramentelle, je vous en conjure, ne permettez pas que je sois séparé de vous dans l'éternité. Faites dans votre miséricorde, ô mon amour, que je sois un jour avec vous dans votre paradis et que je vous y loue éternellement avec les anges et tous les saints.

A la droite de Jésus, sur un trône magnifique, je verrai Marie, sa divine Mère, l'auguste

Reine des cieux, tout éclatante de beauté, tout aimable. Oh! qu'il me sera doux de la contempler, de l'entendre, de l'aimer, d'être aimé d'elle! Etant ma mère dans l'ordre de la grâce, elle aura pour moi la plus grande tendresse. O Mère bien-aimée, Mère toute bonne, espérance de vos enfants encore voyageurs en cette vallée de larmes, comme vous êtes la joie de vos enfants, déjà auprès de vous dans la céleste patrie, je me jette à vos pieds et prie votre cœur de mère de m'obtenir la grâce d'être un jour membre de cette grande famille des bienheureux, qui vous chérira et vous bénira dans les siècles des siècles.

Au ciel, je serai avec les neuf chœurs des anges, avec les patriarches, les apôtres, les martyrs, les confesseurs, les vierges et tous les autres bienheureux; je vivrai dans leur société, je leur serai uni en Jésus-Christ par le lien de la plus tendre charité et leur bonheur augmentera le mien. Tous ensemble nous glorifierons avec transport la très sainte et adorable Trinité, nous glorifierons la très sainte humanité de Jésus; nous glorifierons la divine Marie. Qu'ils seront ravissants, nos éternels cantiques de louanges, d'actions de grâces et d'amour, nos chants de triomphe et de joie! Un jour pendant la messe, au moment où le prêtre achevait la préface, sainte Catherine de Bologne, entendit un concert d'anges chantant trois fois *Sanctus* avec une si merveilleuse suavité que son âme ravie se serait séparée de son corps s'il avait duré plus longtemps.

Enfin au paradis, après le grand jour de la résurrection générale, mon corps, qui m'aura été rendu alors, sera doué des qualités glorieuses du corps même de Jésus-Christ : de l'impassibilité, de la clarté, de l'agilité et de la subtilité. Avec tous les Elus, je resplendirai comme le soleil dans le royaume de mon Père céleste : je serai affranchi à jamais de toute misère, de toute peine et de la mort; je jouirai d'une paix parfaite, d'une tranquillité inaltérable. Oh! que mon honheur sera grand! je possèderai éternellement de tels biens du corps et de l'âme, que l'œil n'a rien vu, ni l'oreille n'a rien entendu, le cœur de l'homme n'a jamais rien conçu de semblable (1).

Puis-je trop travailler, trop souffrir, trop faire de sacrifices pour l'acquisition d'un tel bonheur? Non, assurément. J'imiterai donc les saints martyrs et les autres saints; à leur exemple, je demeurerai fidèle à Dieu jusqu'à mon dernier soupir, quelque sacrifice qu'il me faille faire pour cela, quelque souffrance qu'il me faille endurer. Je ne saurais payer trop cher la gloire céleste, car elle est d'une valeur au-dessus de tout ce que le Rémunérateur suprême peut exiger de moi, pour me la donner : « Les souffrances du temps présent ne sont pas dignes de la gloire future (2). »

« La gloire que j'attends, disait saint François d'Assise, est si grande que toute peine me plaît, toute maladie, toute humiliation, toute persécution, toute mortification me réjouit. »

(1) 1re Ep. aux Corinthiens, ii.
(2) Ep. aux Rom., viii.

*Paroles de la sainte Ecriture touchant le malheur
des méchants à la mort, le triomphe des justes, les
regrets inutiles des méchants, la félicité éternelle
des justes.*

« Ils verront la fin du songe et ils ne comprendront pas ce que Dieu a pensé sur lui et pourquoi le Seigneur l'a mis en sûreté. »

Ils verront et ils le mépriseront, mais le Seigneur se rira d'eux.

Et ils seront après cela, mourant sans honneur, en opprobre, entre les morts à jamais ; parce qu'il les brisera dans leur orgueil et les réduira au silence ; il les détruira jusqu'aux fondements, ils seront réduits à la dernière désolation, ils seront gémissants, et leur mémoire périra.

Ils viendront effrayés par la pensée de leurs péchés et, leurs iniquités, se *tenant* vis-à-vis, les accuseront.

Alors les justes s'élèveront avec une grande fermeté contre ceux qui les ont tourmentés et qui leur ont ravi leurs travaux.

Ceux-ci le voyant seront troublés, par une crainte horrible, et ils s'étonneront de ce salut soudain :

Disant en eux-mêmes, se repentant et gémissant dans l'angoisse de leur esprit : Voici ceux que nous

avons eus autrefois en dérision, en proverbes ou-
trageants.

Nous, insensés, nous estimions leur vie une folie,
et leur fin sans honneur.

Et voilà qu'ils sont comptés parmi les fils de Dieu
et que leur sort est au milieu des saints.

Nous avons donc erré hors de la voie de la vérité, et la lumière de la justice n'a pas lui pour nous,
et le soleil de l'intelligence ne s'est pas levé pour
nous (1).

Nous nous sommes lassés dans la voie de l'ini-
quité et de la perdition et nous avons marché dans
des voies difficiles; mais la voie du Seigneur, nous
l'avons ignorée.

A quoi nous a servi l'orgueil? Ou, que nous a
rapporté l'ostentation des richesses?

Toutes ces choses ont passé comme une ombre,
comme un messager.

Comme un navire qui fend l'eau agitée; lorsqu'il
est passé, on ne peut trouver sa trace, ni le sentier
de sa carène dans les flots;

Ou, comme un oiseau qui traverse l'air au vol; on

______

(1) A cause de leur aveuglement volontaire et de leur
obstination dans le mal.

ne distingue aucune marque de sa route, mais seulement le bruit des ailes, qui frappe la brise légère et fend l'air avec effort ; ses ailes agitées, il a achevé son vol, et après cela, on ne découvre aucune trace de sa route ;

Ou, comme une flèche lancée vers un but ; l'air qu'elle sépare se réunit aussitôt, en sorte qu'on ignore son passage.

Ainsi nous sommes nés, et aussitôt nous avons cessé d'être, et nous n'avons certainement pu montrer aucun signe de vertu : mais c'est par notre méchanceté que nous avons été consumés.

Telles sont les choses qu'ont dites dans l'enfer ceux qui ont péché.

Parce que l'espérance de l'impie est comme la laine qui est emportée par le vent ; comme l'écume légère qui est dispersée par la tempête ; comme la fumée qui est dissipée par le vent, et comme le souvenir d'un hôte qui passe et ne *s'arrête* qu'un seul jour.

Mais les justes vivront éternellement ; auprès du Seigneur est leur récompense, et ils sont l'objet des soins du Très-Haut.

C'est pour cela qu'ils recevront le royaume d'honneur et le diadème d'éclat de la main du Seigneur, parce que de sa droite il les protègera, et de son bras saint il les défendra (1).

Exemples.

La pensée des fins dernières fortifie dans toutes les épreuves de la vie présente et porte à accomplir tous ses devoirs au prix de n'importe quel sacrifice.

Le juge Secondieu ayant demandé au glorieux martyr saint Adrias, qui était tourmenté pour la foi avec ses fils, où il avait caché les trésors de l'Eglise, répondit : « Nos trésors sont nos âmes que nous ne voulons pas perdre, pour quelque chose au monde que ce soit. Coupez, déchirez, brûlez nos corps, faites nous souffrir tous les supplices que la rage peut inventer, nos trésors et nos vraies richesses sont nos âmes que nous ne voulons perdre, ni par l'attrait du plaisir, ni par la crainte de la douleur, ni pour quoi que ce soit. »

Saint Symphorien ayant été arrêté à Autun, sa ville natale, pour avoir refusé d'offrir de l'encens aux idoles, fut d'abord battu de verges, puis enfermé dans un cachot et enfin décapité.

(1) *Livre de la Sagesse*, iv et v.

Comme on le conduisait au lieu de l'exécution de l'arrêt de mort porté contre lui; sa mère lui cria du haut du mur de la ville : « Mon fils, mon fils, souviens-toi de la vie éternelle ; jette les yeux vers le ciel; regarde celui qui y règne; la vie que tu perds ne t'est pas ôtée, puisqu'elle sera changée en une meilleure! » Ces paroles le remplirent d'un nouveau courage, quoiqu'il fût déjà parfaitement résolu à donner sa vie pour son Dieu. Ainsi il tendit généreusement son cou au bourreau qui, en lui tranchant la tête, en fit un glorieux martyr de Jésus-Christ.

En l'an 285, deux pieuses personnes, Domnine et Théonille furent arrêtées comme chrétiennes et mises en prison, en attendant l'arrivée du Proconsul de Cilicie, nommé Lysias. Lorsqu'il fut arrivé Domnine comparut et Lysias lui dit : « Tu vois ce feu et ces instruments de supplice, qui sont préparés pour toi; si tu veux les éviter, viens et sacrifie aux dieux. » Domnine répondit : « Je ne crains que les tourments éternels et le feu qui ne s'éteindra jamais ; et c'est pour ne pas y tomber que j'adore Dieu et Jésus-Christ, son Fils, qui a fait le ciel et la terre avec tout ce qu'ils renferment ; car pour vos dieux, ce ne sont que des dieux de bois et de pierre. » Lysias irrité dit aux bourreaux :

« Frappez-la de verges. » Elle expira dans ce supplice, et son corps fut jeté dans le feu. Théonille comparut ensuite et Lysias lui dit : « Tu vois quels supplices attendent ceux qui refusent d'obéir. Je te conseille donc d'obéir et de sacrifier aux dieux. »

Théonille répondit : « Je ne crains que le feu éternel, et c'est pour ne pas y tomber que j'adore Dieu et Jésus-Christ, son Fils. » Le juge, transporté de colère, la fit mourir dans les plus cruels tourments. Ainsi périrent ces deux saintes personnes, aimant mieux souffrir sur la terre les plus grands supplices que de s'exposer à être damnées.

Thomas Morus, qui avait été grand chancelier d'Angleterre, ayant refusé de prêter le serment exigé par Henri VIII, lors de sa rupture avec l'Eglise, fut enfermé dans la tour de Londres. Là, privé de livres et réduit à vendre ses meubles pour nourrir ses nombreux enfants, il fut en butte aux menaces, aux insinuations perfides, aux offres séduisantes, mais sa fermeté fit tout échouer. Sa femme le conjurant de se soumettre à la volonté d'Henri VIII, pour l'intérêt de ses enfants. « Ah ! ma femme, lui dit-il, veux-tu que j'échange l'éternité avec vingt années que je puis encore avoir à vivre ? »

Comme Thomas Morus restait inébranlable on

rendit contre lui un arrêt de mort ; il se prépara alors à sa dernière heure avec calme, fermeté et résignation, et employa à prier tout le temps qui se passa entre sa condamnation et sa mort. Monté sur l'échafaud, il chanta le psaume *Miserere* et prit le peuple à témoin qu'il mourait dans la profession de la foi catholique, apostolique et romaine ; il eut la tête tranchée, le 6 juillet 1535, et mourut en martyr.

XIX

*Je considérerai souvent l'amabilité infinie de Dieu
et son immense amour pour moi.*

L'amour de Dieu est la vie de mon âme.
Afin de m'exciter à aimer Dieu, je considérerai
souvent combien il est digne de mon amour.
Il en est infiniment digne à cause de son amabilité infinie et de son immense amour pour
moi.

1° Dieu est l'Etre, l'éternel, l'infini : il a
toutes les perfections possibles sans aucun mélange d'imperfections. Toutes ses perfections
sont infinies; il est le bien infini, le souverain
bien, l'infiniment aimable.

Toutes les créatures, même les plus excellen-
tes sont comme rien devant Lui : « Mon être

est comme rien devant vous, dit le Psalmiste (1).

« O Trinité éternelle, écrivait sainte Catherine de Sienne, vous vous présentez à moi et
je reconnais que vous êtes le bien suprême et
infini, le bien au-dessus de tout bien, le bien
qui rend heureux, le bien incompréhensible, le
bien inestimable, la beauté au-dessus de toute
beauté, la sagesse au-dessus de toute sagesse,
car vous êtes la sagesse même. »

Saint Augustin était inconsolable d'avoir
passé sa jeunesse sans aimer Dieu, et dans
l'amertume de son cœur, il s'écriait : « C'est
tard, ô Beauté si ancienne et si nouvelle, c'est
tard que je vous ai aimée!

Le plus digne objet qui s'offre à l'amour de
mon cœur, c'est mon Dieu. Je dois l'aimer de
toutes mes forces, par-dessus toute chose, pour
lui-même et comme mon souverain bien.

Mon Dieu, lumière éternelle, dissipez mes
ténèbres, découvrez-moi vos charmes infinis;

(1) Ps. xxxviii.

feu qui brûlez toujours, consumez par votre ardeur tout l'amour déréglé de mon âme pour elle-même, toutes ses vaines affections, embrasez-la d'amour pour vous.

2° Dieu m'a aimé de toute éternité; il m'a créé à son image, il a fait à mon usage une multitude d'êtres; c'est lui qui me conserve.

Il m'a tant aimé qu'il n'a pas épargné son propre Fils, mais l'a livré pour moi. Oui, Jésus-Christ, Fils de Dieu, fait homme a été livré par son Père, et s'est livré lui-même pour mon salut à ceux qui l'ont crucifié; il est mort pour moi; son côté a été ouvert sur la croix pour moi, et de ce côté ouvert par la lance sont sortis les sacrements qu'il a institués pour me sanctifier. Par le baptême, il m'a incorporé mystiquement à Lui, m'a fait enfant et héritier de Dieu; par la Confirmation, il a rempli mon âme des dons du Saint-Esprit, par l'Eucharistie il se donne lui-même à mon âme en nourriture; par le sacrement de Pénitence, il me remet mes péchés. A la fin de mon pèlerinage sur la terre, il m'aidera par l'Extrême-Onction

à supporter mes souffrances, à repousser les
dernières attaques des démons, à accepter la
mort avec résignation; Il délivrera mon âme
de la langueur et de l'infirmité laissées en elle
par le péché et des autres restes du péché. Par
le sacrement de mariage, Il a conféré à mes parents des grâces spéciales non seulement pour
leur utilité mais aussi pour la mienne.

Par le sacrement de l'Ordre, Il communique
à ceux qui le reçoivent un pouvoir spirituel
pour le bien des fidèles.

Par le sacrifice de la messe, Il m'applique le
prix et la vertu de son sacrifice sanglant sur la
croix. Par son Eglise, Il m'instruit, m'administre les sacrements; me dirige dans la voie
du salut; enfin ce très bon Maître m'a donné
en Marie sa divine Mère, une mère admirable,
une mère très aimable, très bonne, qui m'aime
tendrement, m'est toute dévouée, une mère
qui peut et veut me sauver.

Dieu, en livrant son Fils pour moi, m'a
donné toutes choses en Lui. Si je suis fidèle, si
je meurs un jour dans son amour, Il me rendra

par ce Fils chéri, éternellement participant de sa béatitude; oh! que mon Dieu m'a aimé! qu'Il m'aime! que je dois l'aimer! que je serais ingrat si je ne l'aimais pas!

Faites, ô Dieu infiniment digne de mon amour, que je Vous connaisse chaque jour davantage, et vous aime comme vous l'ordonnez et comme la raison l'exige, de tout mon cœur, de toute mon âme, de tout mon esprit et de toute ma force.

Je me servirai de l'admirable spectacle qu'offre à mes yeux l'univers pour m'élever à la contemplation de Dieu.

Ce spectacle parle à mon intelligence et à mon cœur : il me dit qu'il y a un Dieu éternel, qui a créé tout ce qui existe, qui conserve et gouverne tout par sa puissance et sa sagesse infinies, il me dit que les merveilles des cieux et de la terre publient sa gloire; il me dit que ce grand Dieu m'a donné une prééminence de nature et de destinée sur toutes les créatures raisonnables, qu'il les emploie toutes à mon service, pour que je Le serve tout entier; il me dit enfin que ce Dieu est mon Maître, que je dois l'adorer et le servir.

Mon Dieu, je me prosterne devant votre infinie Majsté, et je vous adore ; je Vous remercie de vos bienfaits sans nombre ; le soleil et la lune qui m'éclairent, l'air que je respire, les aliments dont je me nourris, les boissons qui me désaltèrent et une infinité d'autres chose proclament votre bonté pour moi et me pressent de vous aimer ; je vous aime de tout mon cœur, je me soumets à vous, corps et âme, pour le temps et pour l'éternité.

Exemples

Le célèbre Ampère, l'un des plus grands savants de ce siècle, passait souvent de la contemplation de la nature à celle de son auteur. Son illustre ami, Ozanam, raconte que dans ses instructions scientifiques avec lui, il s'écriait parfois en se mettant la tête entre les deux mains : « Que Dieu est grand. Ozanam, que Dieu est grand !

Saint François d'Assise aimait à méditer sur les œuvres de la main du Seigneur, et il s'en servait, dit saint Bonaventure, comme d'autant de miroirs brillants pour s'élever à la cause et à la raison vivifiante de leur être. Dans ce qui était beau, il con-

templait la beauté suprême; il poursuivait son
Bien-aimé partout où il avait imprimé une trace de
sa présence et chaque créature était pour lui comme
un degré pour arriver à la possession de celui qui
est souverainement désirable. Dans tous les êtres
il goûtait avec un sentiment incroyable de dévotion
comme en autant de ruisseaux dérivés d'une source
inépuisable, cette bonté première répandue sur
chacun d'eux.

XXI

La vie, la Passion et la mort de Jésus-Christ seront pour moi des sujets de méditation.

Jésus-Christ est mon Maître, mon modèle, mon Sauveur et mon Dieu. Le connaître, l'aimer, l'imiter, le suivre, voilà ce qui m'importe le plus en ce monde. Une méditation assidue de sa vie, de sa Passion et de sa mort aura pour effet de me le faire mieux connaître, de rendre mon amour pour lui plus ardent et mon attachement à lui plus fort.

Saint Alphonse de Liguori parlant en particulier de la Passion de Jésus-Christ, disait : « Oh! quel beau livre pour les âmes dévotes! En ce livre, mieux qu'en tout autre, on découvre la malice du péché et l'amour de Dieu pour les hommes.

Exemple.

Quelqu'un ayant demandé un jour à saint François d'Assise, alors malade, pourquoi il ne se faisait pas faire quelque lecture propre à le distraire un peu? « Rien ne me réjouit, répondit-il, comme le souvenir de la vie et de la Passion du Seigneur; c'est là ma lecture de tous les jours et de tous les instants, et quand je vivrais jusqu'à la fin du monde, il ne m'en faudrait pas d'autre. »

XXII

*Je considèrerai souvent combien le vrai chrétien
est riche, grand et heureux.*

Il est immensément riche puisqu'il possède
en son âme un bien plus précieux que tous les
biens de la terre et de tout l'ordre purement
naturel.

Ce bien consiste en une grâce divine, habi-
tuelle et sanctifiante, qui l'unit à Dieu même,
souverain bien, auteur et source de tout bien,
et le rend digne de ses récompenses éternelles.

Sa dignité surpasse toutes les grandeurs humaines et toute grandeur d'un ordre purement
naturel, puisque par un effet de la grâce sanctifiante, qui est en lui, il est saint, il est temple,
ami et enfant de Dieu, digne de vivre éternellement en société avec Dieu et tous ses élus.

Son bonheur est grand et d'une nature telle que personne ne peut l'en priver, qu'aucune vicissitude d'ici-bas ne peut le détruire ni l'amoindrir. C'est un bonheur spirituel, intime, produit en lui par la pratique de la vertu et l'accomplissement de tous ses devoirs, par les consolations de la foi et les charmes de l'espérance, par la paix de son cœur et les suavités de son union avec Dieu. Mon Dieu, imprimez profondément ces vérités en mon âme, afin que je ne me laisse jamais fasciner par les frivolités du monde et que je persévère dans la disposition où je suis, de tout perdre et de tout souffrir plutôt que de cesser un seul instant d'être chrétien et de vivre en chrétien.

Exemple.

Saint Louis se plaisait à signer quelquefois *Louis de Poissy* (lieu de son baptême); donnant à entendre qu'il préférait le titre de chrétien à celui de roi de France.

Sa vertueuse mère, la reine Blanche, lui avait inspiré de bonne heure l'amour de la vertu et le goût de la piété. Elle lui avait répété souvent ces belles paroles, si dignes d'une mère chrétienne : « Mon fils, quelque tendresse que j'aie pour vous, j'aimerais mieux vous voir privé du trône et de la vie, que souillé d'un seul péché mortel. »

XXIII

Je lirai assidûment la vie des saints.

Les saints sont les *seuls vrais sages*, car seuls ils marchent dans la voie du salut éternel, à la suite de Jésus-Christ, la sagesse incarnée; et seuls avec sa grâce, ils parviennent au ciel.

En lisant la vie des saints illustres, dont l'Eglise célèbre la mémoire, je me sentirai porté à les imiter et à me rendre digne comme eux de la vie éternelle.

Ils ont tous passé par de grandes épreuves, car « comme par le feu est éprouvé l'argent, l'or, dans le creuset, ainsi le Seigneur éprouve les cœurs (1). »

Pour demeurer fidèles au Seigneur, ils ont

(1) Prov., xxii.

eu bien des sacrifices à faire, bien des souffrances à endurer, bien des fatigues à supporter
et des luttes à soutenir.

Ce qu'ils ont pu, pourquoi ne le pourrais-je
pas moi-même? Ils n'étaient pas d'une autre
nature que moi « je puis tout en Celui qui me
fortifie. »

Mon Dieu, je suis fermement résolu de persévérer dans votre amour, de vous demeurer
fidèle jusqu'à mon dernier soupir; et afin de
m'y exciter par l'exemple des saints, je lirai
assidûment leur vie.

Exemples.

Deux courtisans d'un empereur romain, se ren-
dirent un jour dans un ermitage sans autre dessein
que de se divertir; ils trouvèrent l'histoire de saint
Antoine sur la table d'un solitaire; ils furent si
touchés de la lecture qu'ils en firent, qu'à l'instant
même, ils quittèrent le monde et se mirent à la suite
de Jésus-Christ.

Saint Ignace de Loyala prit un jour la *Vie des
saints*, pensant seulement à se désennuyer, et il
apprit à devenir lui-même un grand saint.

XXIV

Je ne serai jamais oisif.

« L'oisiveté a enseigné beaucoup de malice » dit la sainte Ecriture (1). J'éviterai toujours cet ennemi de l'âme. A cet effet, je serai assidu à mon travail, et quand j'aurai quelque loisir je l'emploierai utilement, par exemple, à la récitation du chapelet, à la méditation, à la lecture du catéchisme ou d'une explication de cet admirable livre, à la lecture de la *Vie des saints*, ou de quelqu'autre bon livre ou de la *Semaine religieuse* de mon diocèse, à la visite du très Saint-Sacrement ou à toute autre bonne œuvre ; n'étant jamais oisif, je serai moins exposé aux tentations du démon. « Que le démon vous trouve toujours occupé, dit saint Jérôme.

(1) Ecclés., xxxiii.

XXV

Je serai constamment sobre dans le boire et le manger
et ne prendrai que le repos nécessaire.

La sobriété est utile au corps, elle en entretient la santé et le bien-être. « A cause de
l'intempérance, dit la sainte Ecriture, beaucoup
sont morts; mais celui qui est sobre prolon-
gera sa vie (1). »

La sobriété est utile à l'âme. L'homme
sobre est plus facilement maître de lui-même;
il est mieux disposé pour le travail, soit ma-
nuel, soit intellectuel et pour la pratique de la
vertu.

Trop de repos est nuisible au corps et à

(1) Eccles., xxxvii.

l'âme ; trop de repos fait perdre un temps précieux. L'homme laborieux se lève de bonne heure et après s'être acquitté de la prière, s'adonne au travail.

XXVI

Je mortifierai mon corps.

Il faut que je mortifie mon corps pour qu'il soit soumis à mon esprit, et mon esprit à Dieu. « Je châtie mon corps et le réduis en servitude », disait le grand Apotre (1). Tous les saints se sont mortifiés.

Je mortifierai mon corps par le travail. Quand le Seigneur dit à Adam pécheur : « C'est à la sueur de ton front que tu te nourriras de pain (1), il a institué une loi de mortification corporelle.

Je mortifierai aussi mon corps par le jeûne et les abstinences que l'Eglise prescrit; par les privations que je m'imposerai moi-même avec l'agrément de mon directeur spirituel, s'il s'agit de choses importantes.

(1) 1ᵉ Ep. aux Corinthiens, ıx-27.
(1) Genèse, ııı.

XXVII

*Je veillera à la garde de mes sens extérieurs et des
puissances intérieures de mon âme.*

Mes sens extérieurs sont la vue, l'ouïe, l'odo-
rat, le goût et le toucher. L'usage que j'en
fais doit être subordonné à ma fin dernière, et
par conséquent réglé par la foi. Je veillerai à
leur garde pour les tenir dans l'ordre, pour
leur refuser toute liberté qui serait funeste à
mon âme, contraire à la fin pour laquelle je
suis créé.

Les puissances intérieures de mon âme sont
la mémoire, l'intelligence et la volonté. Par ces
trois puissances, elle est une admirable image
de la très sainte Trinité. Par elles aussi, avec
le secours de la grâce, elle tend vers cette bien-

heureuse Trinité, qui est son bien suprême ; mais il faut qu'elle se mette en garde contre les illusions de l'orgueil, contre la fascination de la frivolité, contre les entraînements des passions, contre les faux raisonnements, contre le mensonge ; il faut qu'elle reconnaisse ses limites, sa faillibilité, sa faiblesse ; il faut qu'elle vive dans la dépendance de son Créateur, souverain Maître de toutes choses, et se soumette à l'Eglise qui est la conductrice et la colonne de la Vérité.

Je veillerai donc à la garde des puissances intérieures de mon âme pour les tenir dans l'ordre et sous l'obéissance du Seigneur.

Mon Dieu, préservez-moi toujours de toute témérité et de tout égarement. Que mon âme soit constamment un temple d'humilité et de sagesse chrétienne ; attirez-moi fortement à vous, ô Bien suprême, ma fin, mon bonheur, pour le temps et pour l'éternité.

XXVIII

Je réprimerai constamment mon amour-propre.

C'est la charité qui doit régner dans mon cœur et non l'amour-propre. De là, nécessité de le réprimer toutes les fois qu'il est en opposition avec les exigences de la charité, qui est l'amour de Dieu pour lui-même par-dessus toutes choses et du prochain comme soi-même pour Dieu. Si j'écoutais mon amour-propre, j'en deviendrais l'esclave et par suite l'esclave de mes passions, car, comme l'a dit justement sainte Catherine de Sienne « l'amour-propre est le père de l'orgueil et de tous les vices ».

XXIX

J'éviterai les occasions dangereuses pour mon âme.

J'entends par là tout ce qui me porterait fortement au péché. Ne pas éviter le plus possible de telles occasions, ce serait aimer le péril : Or, « celui qui aime le péril y périra », dit le Saint-Esprit (1).

J'éviterai notamment les mauvaises compagnies, les mauvais entretiens, les mauvaises lectures : « Ne vous laissez pas séduire, écrivait saint Paul aux Corinthiens, les mauvais entretiens corrompent les bonnes mœurs (2). »

De même, j'éviterai les jeux, les plaisanteries,

(1) Ecclé., III.
(2) 1re Epît., xv.

les manières de parler, les amusements, les liaisons, les fréquentations, les familiarités qui deviennent facilement des pierres d'achoppement pour la vertu.

Je n'accepterai pas les invitations que je ne pourrais accepter sans m'exposer à violer quelque loi de l'Eglise par faiblesse, par respect humain.

Je me rappellerai toujours ces paroles du Seigneur : « Veillez et priez afin que vous n'entriez point en tentation ; à la vérité, l'esprit est prompt, mais la chair est faible (1). »

Je penserai aussi à ce que dit le Saint-Esprit, au Livre des Proverbes : « Bienheureux l'homme qui est toujours craintif, mais celui qui est d'un cœur dur, tombera dans le mal (2) »

Un mot d'une jeune fille à son père pour le détourner de ses lectures dangereuses.

Un assez brave homme, grand lecteur de livres frivoles, était un jour gourmandé par sa femme sur cette habitude.

« — Que tu es bonne de t'inquiéter à ce sujet,

(1) Matth., xxvi, 41.
(2) Ch. xxviii.

finit-il par dire à sa femme, quel mal veux-tu que cela me fasse? J'oublie aussitôt après avoir lu. « Papa, lui dit sa fille, qui était présente à la conversation, qu'avons-nous mangé dimanche?

« Le père étonné ne savait que répondre à cette question imprévue, et finit par dire qu'il ne se le rappelait plus du tout.

« — Eh bien! oui, papa, s'écrie la jeune fille avec finesse, vous ne vous en souvenez pas, et cependant cela vous a nourri. »

Cette réplique si simple fit sourire le père. Il embrassa sa fille et désormais il renonça à ses lectures frivoles et dangereuses.

XXX

Dans toutes mes tentations je ferai ce qui est
nécessaire pour vaincre.

« C'est un combat que la vie de l'homme sur
la terre (1). Il a constamment à lutter contre
ses penchants au mal, contre le monde, contre
l'enfer. Bienheureux s'il « souffre patiemment
la tentation, parce qu'après avoir été éprouvé,
il recevra la couronne de vie, que Dieu a pro-
mise à ceux qui l'aiment (2). »

Afin d'être toujours prêt pour le combat
spirituel, je m'armerai sans cesse de salutaires
pensées : de la pensée de la présence de Dieu,
de la Passion de Jésus-Christ, de la brièveté de
la vie, de la pensée des fins dernières, de la

(1) Job, XII, I.
(2) Ep. de saint Jacques, I, 12.

malice du péché et de ses funestes effets, de la pensée de la constance des martyrs dans les tourments, et de l'énergie avec laquelle tous les saints ont résisté à toutes les tentations auxquelles ils ont été en butte.

Au moment de la tentation, je prierai. C'est à tous ses disciples dans la personne de ses apôtres que le divin Maître a dit : « Priez de peur que vous n'entriez en tentation (1). »

Je prierai aussitôt que la tentation se présentera, tout le temps qu'elle durera et chaque fois qu'elle se renouvellera.

« Mon Dieu, dirai-je, ou vocalement ou mentalement, secourez-moi ! Ne permettez pas que je succombe ! Jésus, soutenez-moi ! Marie, ma Mère, protégez-moi ! O Marie, conçue sans péché, priez pour nous qui avons recours à vous ! Je vous salue, Marie, pleine de grace, le Seigneur est avec vous ; vous êtes bénie entre toutes les femmes, et Jésus, le fruit de vos entrailles, est béni. Sainte Marie, Mère de Dieu,

(1) Luc, xxii, 40.

priez pour nous, pauvres pécheurs, maintenant et à l'heure de notre mort, Ainsi soit-il.

Lorsque je dis *l'Ave Maria*, disait saint François d'Assise, les démons prennent la fuite.

Je ferai aussi le signe de la croix sur moi en disant : Au nom du Père et du Fils et du Saint-Esprit, Ainsi soit-il! Le signe de la croix chasse les démons, sainte Marguerite, vierge et martyre, étant en prison pour la foi, se délivra d'un spectre de démon par la vertu de ce signe sacré. L'usage de l'eau bénite me sera aussi salutaire.

En priant bien, en priant avec persévérance, je vaincrai toutes mes tentations.

Dans les tentations de haine, je distinguerai la personne de ses défauts, de ses fautes, de ses torts. Je penserai que c'est la personne que je dois aimer et non ce qui est mauvais en elle ou dans sa conduite, et que c'est pour Dieu que je dois l'aimer.

Je ferai aussi des actes de charité, et je me rappellerai que le Fils de Dieu étant en croix, a prié son Père pour ses bourreaux disant :

« Mon Père, pardonnez-leur ; car ils ne savent ce qu'ils font (1). »

Dans les tentations contre la chasteté, j'aurai bien soin de ne pas donner la moindre attention aux mauvaises pensées, de m'en détourner tout de suite, et de penser à autre chose.

Il me sera aussi très utile de faire des actes d'amour de Dieu dans toutes mes tentations, de dire par exemple : « Mon Dieu, je vous aime de tout mon cœur, plutôt mourir que de vous offenser. Mon Dieu, vous êtes mon Souverain Maître ; vous êtes infiniment aimable : votre droit à mon amour est infini ; je vous adore, je vous aime de toute l'ardeur de mon âme.

Mon Dieu, infiniment bon, vous m'avez comblé de bienfaits ; si je vous offensais je serais un monstre d'ingratitude ; non, je ne vous offenserai jamais, je vous aimerai toujours, je vous serai toujours soumis.

(1) Matth., xxiii, 34.

*Paroles de saint Antoine, abbé, à ses disciples pour
leur apprendre à discerner les bons esprits des
mauvais.*

« Les bons esprits n'apportent aucun trouble, ou
si l'on appréhende d'abord lorqu'ils apparaissent,
leur charité est telle qu'ils délivrent bientôt de cette
crainte; leur présence est douce et tranquille,
comble l'âme de joie et lui inspire la confiance; ils
font concevoir un tel amour des choses divines,
qu'on voudrait quitter la vie et les suivre dans l'é-
ternité. Au contraire, l'apparition des mauvais
anges remplit l'esprit de trouble. Ils se présentent
avec bruit comme des jeunes gens mal disciplinés.

Ils jettent l'âme dans une confusion de pensées
ou dans une frayeur qui la déconcerte. Ils inspirent
du dégoût pour la vie solitaire et rappellent le souvenir du siècle. Ils insinuent subitement dans le
cœur des désirs de choses mauvaises; ils dégoûtent
de la pratique des vertus et rendent l'âme incons-
tante dans ses résolutions. »

Conduite de saint François de Sales
dans les injures.

Un jour, un créancier vint lui demander le paiement d'une somme considérable dont il s'était fait caution pour un gentilhomme, de ses amis qui, étant à l'armée, ne pouvait pas venir payer sa créance : le saint Evêque lui remontra avec toute la douceur possible que, la fortune du gentilhomme étant bien supérieure à la créance, il n'y avait aucun péril de perdre ni le capital ni l'intérêt, et le conjura d'avoir patience jusqu'à son retour. Le créancier ne veut point entendre raison ; il crie, il tempête, il veut être payé à l'instant : « Eh bien ! dit François, je ne vous demande que le temps de lui écrire et d'avoir la réponse, et vous serez payé. Je ne veux point attendre, reprit l'autre ; j'entends être payé aujourd'hui même. Monsieur, dit le saint Evêque, avec une incroyable mansuétude « auriez-vous bien le courage, au lieu de me nourrir comme mon ouaille, de m'ôter le pain de la bouche ! Je n'ai que petitement ce qu'il faut pour mon entretien, je n'eus jamais devant moi la somme que vous me demandez. Me voulez-vous discuter avant le principal débiteur ? Je vous abandonne tout ce que j'ai jusqu'à mes meubles, vous pouvez les vendre ; je vous demande seulement de m'aimer pour Dieu et de ne point l'offenser par colère, haine et scandale : faites ainsi et je serai content. » Eau bénite de cour que tout cela, reprend le créancier ; et il tonne, se fâche, vomit mille injures. « Monsieur, dit François avec sévérité ; je vais faire toutes les diligences possibles pour vous satisfaire ; mais je veux que vous sachiez que, quand vous m'auriez crevé un œil, je vous regarderais de l'autre aussi affectueusement que mon meilleur ami. » Le saint Evêque écrivit promptement au gentilhomme, qui vint payer la dette, et le créancier, confus de sa faute, retourna demander pardon à François, qui l'accueillit à bras ouverts, et l'aima depuis avec une tendresse particulière, l'appelant son ami reconquis. D'autres fois, le saint Prélat aimait mieux opposer aux injures, le silence : « car, disait-il, je ne connais point de meilleur remède parmi les contradictions que de ne point parler, de n'en faire aucun semblant et de se conserver dans une grande douceur à l'égard de celui qui nous a blessé. Pour peu qu'on dise, l'amour-propre en dit toujours trop, et laisse échapper des paroles si mal digérées, qu'on a le cœur dans l'amertume tout le reste du jour. Quand on ne dit mot, qu'on sourit de bon cœur et qu'on laisse passer le mauvais vent, on étonne la colère, on déconcerte l'indiscrétion et on a longtemps le cœur en joie (1). »

(1). *Vie de saint François de Sales,* par Hamon.

XXXI

*J'espère qu'avec la grâce de Dieu, je ne tomberai
jamais dans le péché mortel; mais si cet affreux
malheur m'arrive, je me relèverai sans retard.*

Par le péché mortel, je me rendrais coupable
d'une grave injustice et d'une monstrueuse ingratitude envers Dieu; je perdrais son amitié,
je deviendrais esclave du démon et digne de
l'enfer. J'éviterai toujours ce grand mal. Saint
Louis, mourant, disait à Philippe, son fils aîné:
« Mon fils, la première chose que je vous recommande, c'est d'aimer Dieu de tout votre
cœur et d'être disposé à souffrir tout plutôt que
de pécher mortellement. » Ma conduite sera
toujours celle que ce saint roi recommandait
par ces belles paroles.

Mais que devrais-je faire en cas de chute dans cet horrible péché? je devrais tout de suite m'humilier devant Dieu et me réconcilier avec lui par un acte de contrition parfaite. J'irais ensuite me confesser au plus tôt. Demeurer en état de péché mortel même un seul instant, ce serait me conduire en insensé, puisqu'il ne faut à un pécheur qu'un instant pour mourir et être condamné à l'enfer. « Ne tarde pas à te convertir au Seigneur, dit le Saint-Esprit, et ne diffère pas de jour en jour; car subitement viendra sa colère et au temps de la vengeance, il te perdra entièrement. » « Dieu n'a pas promis le lendemain au pécheur, dit saint Augustin, peut-être le lui donnera-t-il, peut-être ne le lui donnera-t-il pas. » Il est des pécheurs qui ne s'inquiètent pas de leur triste situation ni des dangers auxquels ils sont exposés; ils s'amusent comme si de rien n'était. Leur conduite est vraiment incompréhensible. « Je ne puis comprendre, disait saint Thomas d'Aquin, comment un homme qui est en état de péché mortel peut rire et se réjouir. » Loin de moi à jamais, ô mon Dieu, l'aveuglement et la folie de ces pécheurs.

Exemples

Un individu se vantait de n'avoir plus mis les pieds à l'église depuis sa première communion et il se glorifiait de sa vie mauvaise. Un jour qu'il se trouvait sur une place publique à Béziers, il survint un orage tel qu'il se vit contraint d'aller chercher un abri dans l'église Saint-Nazaire qui était proche. Mais il y était à peine entré que la foudre tomba sur lui et l'étendit raide mort. Ceci arriva en 1852. Beaucoup de pécheurs sont surpris par la mort dans leurs péchés pour avoir renvoyé à plus tard la plus pressante des affaires, c'est-à-dire, leur retour au bon Dieu. Ils font comme ces magistrats de Thèbes dont parle Cornélius Népos dans la *Vie de Pélopidas* qui renvoyèrent au lendemain les mesures de défense qu'on les pressait de prendre pour préserver la ville contre une conjuration qui devait éclatter pendant la nuit. Ces magistrats étaient à table lorsqu'une lettre venant d'Athènes et contenant tous le détail de la conjuration leur fut apportée : mais

Archias, le premier d'entre eux, ne voulut pas même en prendre connaissance, et la jetant toute cachetée sous le coussin de son siège, il s'écria : « A demain les affaires sérieuses : *In crastinum differo res severas.* » Le soleil n'était pas encore levé que tous ces magistrats insouciants avaient déjà été massacrés dans la salle même de leur festin.

Beaucoup de pécheurs font comme ces magistrats; ils sont avertis qu'ils ont à se mettre en garde contre les surprises de la mort, et néanmoins ils diffèrent de se convertir.

Plus tard, disent-ils, plus tard, demain! » Et pourquoi pas aujourd'hui! On ne doit pas remettre à plus tard la capitale affaire du salut éternel. Ainsi, ils renvoient à un autre temps, la plus pressante des affaires, et enfin il leur arrive de mourir sans s'en être occupés. *In crastinum differo res severas!*

XXXII

Je ne me découragerai jamais

Loin de moi toute défaillance, toute lâcheté ! sans doute je ne puis rien de moi-même dans l'ordre du salut : Sans moi vous ne pouvez rien faire », a dit le Sauveur (1)

Mais, avec la grâce de Dieu, je puis tout ; je puis me vaincre, vaincre le monde et l'enfer, je puis remplir mes devoirs, persévérer dans la charité jusqu'à la mort. Saint Paul écrivant aux Philippiens, leur disait : « Je puis tout en celui qui me fortifie (2). » Donc, jamais de découragement. Quelques grandes que soient mes tentations, elles ne seront jamais insurmon-

(1) Joan., xv, 5.
(2) Philip., iv, 13.

tables, Dieu sera toujours là pour les modérer. Dieu est fidèle, écrivait le même apôtre saint Paul aux Corinthiens, et il ne souffrira pas que vous soyez tentés par-dessus vos forces; mais il vous fera tirer profit de la tentation même, afin que vous puissiez persévérer (1) ».

Mon Dieu, soutenez mon courage dans toutes mes tentations, dans toutes mes difficultés, remplissez-moi de confiance en vous et de bonne volonté, afin que persévérant dans votre amour jusqu'à la fin, j'aie le bonheur, à ma sortie de ce monde, d'être trouvé digne de vos récompenses éternelles.

(1) Ad. Corinth., x, 13.

XXXIII

Je ferai chaque jour le plus de bonnes œuvres que je pourrai.

Par bonnes œuvres, j'entends les œuvres faites en charité, conformes à la volonté de Dieu, et se rapportant à Dieu, les œuvres en un mot, qui sont méritoires pour le ciel.

C'est pendant le cours de la vie présente que je dois faire de bonnes œuvres : quand la nuit de la mort sera venue, ce sera trop tard.

« Mes frères, dit saint Pierre, dans sa deuxième épître, appliquez-vous davantage à rendre certaine par vos bonnes œuvres, votre vocation et votre élection (1). »

« Que vos reins soient ceints, dit le Seigneur,

(1) Ch. 1, 10.

et ayez en vos mains des lampes allumées (1) ».

Je ferai d'abord toutes les bonnes œuvres qui me sont prescrites.

A cet effet j'accomplirai exactement tous les devoirs qui me sont communs avec tous les chrétiens et tous mes devoirs particuliers, c'est-à-dire mes devoirs d'état. Je ferai ensuite des œuvres surérogatoires. Il en est plusieurs qui me seront faciles. Par exemple; je multiplierai mes actes d'amour de Dieu, d'adoration, d'actions de grâces, de louanges; mes prières pour l'Eglise militante et pour l'Eglise souffrante; je serai plus large pour les pauvres, plus charitable pour tous les malheureux; je donnerai plus abondamment pour la conservation et la propagation de la foi, *etc...*

Mes bonnes œuvres seront ma fortune; elles seules et non les biens de la terre me suivront après ma mort *Opera illorum sequuntur illos.* « Bienheureux les morts qui meurent dans le Seigneur. Que dès à présent, dit l'Esprit Saint, ils se

(1) Luc, XII, 35.

reposent, de leurs travaux, car leurs œuvres les suivent (1). »

Seigneur Jésus, conservez-moi dans votre amour. Parlant à vos disciples vous avez dit : « Moi, je suis la vigne et vous les sarments. Celui qui demeure en moi et moi en lui, portera beaucoup de fruits; parce que sans moi vous ne pouvez rien faire (2). » Mon bon Maître, gardez-moi toujours en vous, et faites-moi fructifier sans cesse et abondamment pour le ciel.

(1) Apoc., xiv.
(2) Jean, xv, 5.

XXXIV

Je tâcherai de gagner des indulgences.

L'indulgence est la rémission de la peine
temporelle qui reste à subir au pécheur pénitent pour les fautes qui lui ont été pardonnées
quant à la coulpe et à la peine éternelle. Cette
rémission s'accorde hors du tribunal de la pénitence, par l'application du trésor sacré des
satisfactions infiniment précieuses de Jésus-
Christ, des satisfactions de la sainte Vierge et
des satisfactions surabondantes des saints. Dieu
reverse, dans sa miséricorde, les mérites des
uns sur les autres, en vertu de la communion
des saints dont l'Eglise fait profession dans le
symbole des Apôtres.

L'indulgence est partielle ou plénière. L'indulgence partielle est celle qui remet une partie de la peine due au péché.

L'indulgence plénière est celle qui remet toute la peine temporelle due au péché, en sorte que si un fidèle la gagnait tout entière et en recevait une application parfaite, il serait aussi pur devant Dieu que s'il venait d'être régénéré en Jésus-Christ, par le baptême.

Les indulgences sont donc des grâces très précieuses que l'Eglise offre à ses enfants. Le roi saint Louis recommandait à son fils de ne pas les négliger. « Souvenez-vous, lui disait-il, de gagner les indulgences de la sainte Eglise. »

Par les indulgences, je puis, non sans doute me dispenser d'une vie pénitente, mais suppléer à l'insuffisance de mes œuvres satisfactoires et par là me libérer envers la justice divine : N'aurais-je pas tort de les négliger ?

Par les indulgences, je puis aussi soulager et même délivrer beaucoup d'âmes du purgatoire : La charité ne demande-t-elle pas que je m'en serve pour faire de si bonnes œuvres, pour secourir des parents, par exemple, des bienfaiteurs, des amis etc., en proie aux plus vives souffrances?

Je tâcherai donc de gagner des indulgences et voici celles que je me propose de gagner habituellement. Ce sont: les indulgences attachées à la récitation des actes de foi, d'espérance et de charité; des litanies de la sainte Vierge; de l'Angelus, du chapelet; des six *Pater Ave* et *Gloria Patri* du scapulaire de l'Immaculée Conception que je porte; de la prière. « O bon et très doux Jésus » après la sainte communion; les indulgences du chemin de la croix; enfin quelques-unes des indulgences de chacun des actes et de chacune des prières ci-dessous:

« Saint, saint, saint est le Seigneur Dieu des armées. La terre est pleine de votre gloire. Gloire au Père, gloire au Fils, gloire au Saint-Esprit. »

« Père éternel, je vous offre le sang très précieux de Jésus-Christ, en expiation de mes péchés et pour les besoins de la sainte Église. »

« Que la très juste, la très sainte et très

aimable volonté de Dieu soit faite, louée et éternellement exaltée en toutes choses. »

« Que le très divin cœur de Jésus et le cœur très pur de Marie soient connus, loués, bénis, aimés servis et glorifiés partout et toujours. Ainsi soit-il. »

« Loué et remercié soit à tout moment le très saint et très divin Sacrement. »

« Loué soit Jésus-Christ. » Réponse : « Dans tous les siècles. Ainsi soit-il. »

« Bénie soit la sainte et Immaculée Conception de la Bienheureuse Vierge Marie. »

« Soient loués Jésus et Marie. » *Réponse :* « Maintenant et toujours. »

« O Jésus, mon Dieu, je vous aime par-dessus tout. »

« Doux cœur de Jésus, soyez mon amour. »

« Doux cœur de Jésus, faites que je vous aime chaque jour davantage. »

« O mon Jésus, ayez pitié de moi. »

« Mon Jésus, miséricorde. »

« Doux cœur de Marie, soyez mon salut. »

« Jésus, doux et humble de cœur, faites mon cœur semblable au vôtre. »

« Jésus, Marie, Joseph, je vous offre mon cœur, mon esprit et ma vie. »

« Jésus, Marie, Joseph, secourez-moi dans ma dernière agonie. »

« Jésus, Marie, Joseph, faites que je meure tranquillement en votre compagnie. »

« Ame de Jésus, sanctifiez-moi.

Corps de Jésus, sauvez-moi.

Sang de Jésus, enivrez-moi,

Eau du côté de Jésus, purifiez-moi.

O bon Jésus, exaucez-moi.

Cachez-moi dans vos plaies.

Ne permettez-pas que je sois séparé de Vous.

Défendez-moi contre le malin esprit.

Appelez-moi à l'heure de ma mort.

Et commandez que je vienne à Vous.

Afin qu'avec vos saints, je vous loue dans les siècles des siècles. Ainsi soit-il.

« Souvenez-vous, ô très pieuse Vierge Marie, qu'on n'a jamais ouï dire que celui qui recourt à votre protection, implore votre secours, demande vos suffrages soit abandonné. Animé d'une telle confiance, je recours à vous, ô Vierge des vierges, ma Mère, je viens à vous, je me tiens devant vous, pauvre pécheur, en gémissant; veuillez bien, ô Mère du Verbe, ne pas mépriser mes paroles mais, vous montrant propice, les écouter et les exaucer. Ainsi soit-il.

XXXV

Je n'attendrai pas pour recevoir le saint Viatique et l'Extrême-Onction que je sois sur le point de mourir.

Attendre jusqu'à mes derniers moments pour recevoir ces sacrements si précieux, ce serait m'exposer à quitter ce monde sans les avoir reçus.

Je m'y préparerai par une bonne confession. A cet effet, j'appellerai de bonne heure un prêtre.

Je n'attendrai même pas pour appeler un prêtre, que ma maladie soit certainement dangereuse. La visite de cet homme de Dieu ne pourra que m'être utile.

L'*Eucharistie* contient sous les espèces sacramentelles, l'Auteur même de la vie, la source de toutes les grâces ; elle est le pain de la vie éternelle, la nourriture, le viatique dont l'homme voyageur sur la terre a besoin pour marcher vers la Patrie céleste. Elle entretient et augmente en lui la vie de la grâce; elle le soutient et le console dans ses tribulations.

L'Eucharistie rend même quelquefois la santé du corps! Saint Cyrille d'Alexandrie dit qu'elle chasse les maladies et guérit les malades. Saint Grégoire de Nazianze rapporte que son père fut guéri subitement par la réception de la sainte communion. En 1841, l'illustre général Drouot était dangereusement malade. Un jour, vers midi, son médecin arrive : « Je suis bien, lui dit le sage guerrier; j'ai reçu la visite d'un médecin qui m'a entièrement guéri; je suis sauvé. Le médecin étonné cherche le mot de l'énigme, et le général ajoute : « Ne soyez pas jaloux, j'ai communié ce matin. »

L'*Extrême-Onction* efface les péchés qui sont à expier et les restes du péché; elle soulage et fortifie l'âme du malade, en excitant en lui une grande confiance en la miséricorde de Dieu : de sorte que le malade souffre plus patiemment les douleurs de la maladie et qu'il résiste plus facilement aux tentations du démon.

Elle rend quelquefois la santé aux malades, autant que cela peut être expédient pour le salut de celui qui la reçoit; mais pour cela, disent les théologiens, il faut qu'on la reçoive, lorsque la guérison est encore possible sans miracle. Jean Hérold rapporte qu'un défunt avait révélé que l'Extrême-Onction l'aurait guéri, si elle lui avait été administrée à temps.

Ni la confession, ni le saint Viatique, ni l'Extrême-Onction, ne font mourir. Leurs effets sont extrêmement précieux, je ne dois donc pas craindre de les recevoir ni m'exposer, par des délais, à mourir sans les avoir reçus.

Mon Dieu, daignez m'accorder la grâce de les recevoir et de les recevoir dignement, de les recevoir tandis que je jouirai encore de toute ma connaissance. Ne permettez pas que j'en sois privé par ma faute ou par de vaines craintes, par la négligence, par le manque de foi des personnes qui pourraient m'entourer à la fin de mon pèlerinage en ce monde.

Exemples.

Le sacrement de l'Extrême-Onction a été souvent administré dans l'Eglise, aux malades, même assis ou à genoux; ce qui fait bien voir qu'on n'atttendait pas pour le recevoir qu'on fût à la dernière extrémité.

Dans un hospice temporaire, un jeune médecin, poussé sans doute par le désir de donner des secours plus prompts à un malade, écartait et le prêtre et la table préparée pour l'administration de l'Extrême-Onction. Le malade rappela le prêtre et se plaignit au médecin. « Les remèdes de l'âme, lui dit-il, me sont plus urgents que ceux du corps, vous ne me guérirez sans doute pas, il faut que je pense à l'autre vie. » (*Gazette du clergé*, 21 avril 1832).

Saint Malachie, étant entré chez une dame de qualité, dangereusement malade, afin de l'oindre de l'huile sainte, chacun des assistants fut d'avis qu'il différât cette onction au lendemain matin. Le saint Evêque s'étant donc retiré, cette femme mourut peu de temps après. Saint Malachie qui en fut averti courut chez la défunte et passa la nuit en prières, en pleurs et en gémissements. Comme il continuait de prier avec ses disciples, la défunte revint de la mort comme d'un profond sommeil, se leva sur son séant et reconnut saint Malachie qu'elle salua dévotement. Aussitôt la tristesse se changea en joie; et tous ceux qui virent ce miracle en furent surpris. Le saint Evêque remercia et bénit le Seigneur; il oignit de l'huile sainte la femme ressuscitée, sachant, dit saint Bernard, qui rapporte cette histoire, « que les péchés sont remis dans ce sacrement, et que la prière de la foi sauve l'infirme ». Cette femme revint en parfaite santé et vécut encore quelque temps, afin que la gloire du Seigneur fût manifestée en elle. Après avoir fait la pénitence que saint Malachie lui avait enjointe, elle mourut pour la seconde fois dans la grâce du Seigneur, qui l'attira à lui.

Le célèbre Tissot fut appelé un jour à Lausanne, auprès d'une dame qui se mourait. Reconnaissant impuissantes toutes les ressources de la médecine, il conseilla d'administrer la malade, ce qui fut fait. Le lendemain il la trouva calme et résignée; toutes les idées sombres et effrayantes avaient disparu : « Quelle est donc, s'écria-t-il, la puissance de la religion? » Et reprenant confiance, il traita la malade et rendit à la santé une mourante désespérée.

Le maréchal de Villars ayant été blessé à la bataille de Malplaquet, se trouva si mal, qu'il fut question de lui administrer les derniers sacrements. On lui proposa de faire cette cérémonie en secret : « Non, dit-il, puisque l'armée n'a pu voir Villars mourir en brave, il est bon qu'elle le voie mourir en chrétien. » (*Vie du maréchal de Villars.*)

Napoléon sentant sa fin approcher dit à l'abbé Vignali, que le Pape Pie VII lui avait envoyé : « Je suis né dans la religion catholique, je veux remplir les devoirs qu'elle impose et recevoir les secours qu'elle administre. » A la nouvelle de cette résolution, un serviteur fidèle, mais ignorant, se permit de lui faire quelques observations auxquelles il répondit en ces termes : « Et que sont donc tous les hommes et tous les conquérants, que sont Alexandre et César et Charlemagne avec toute leur gloire ! Que serai-je, comme eux, dans un instant ? Néant, pourriture, proie des vers ! Tout cela passe, mais Jésus-Christ subsiste, et seul, il ne passe pas. C'est le Roi, c'est le Maître ! et je ne suis devant lui que ce qu'est le dôme des Invalides devant le soleil, que ce que tu es devant moi, toi-même : un morceau de plomb que j'ai un peu doré. »

Napoléon se confessa, et l'Abbé Vignali lui administra le saint Viatique et l'Extrême-Onction. Après ce grand acte accompli, il dit au général Montholon : « Je suis heureux d'avoir rempli mes devoirs. Je vous souhaite, général, à votre mort, le même bonheur. »

Le célèbre chirurgien François Dupuytren ne voulut pas mourir sans avoir reçu les sacrements. Se voyant en face de la mort, il se souvint qu'il y a un Dieu auquel il faut rendre compte de ses œuvres, et il se souvint aussi que ce Dieu avait un ministre humble et saint auquel il avait rendu service autrefois et qui lui avait promis de ne pas l'oublier. Il n'hésita pas et demanda qu'on fît venir ce ministre de Dieu, ce bon prêtre, qui était un pauvre curé de village, du diocèse de Versailles.

Deux heures après, le prêtre demandé était à son chevet, assistant à son tour celui qui l'avait secouru et lui apportant, en échange de la vie du corps, que le grand chirurgien lui avait conservée, la vie de l'âme avec ses espérances éternelles......

Dupuytren se confessa humblement, reçut avec foi et amour les derniers sacrements de l'Eglise, et l'illustre docteur expira doucement entre les bras et sous les bénédictions du vénérable prêtre.

XXXVI

*Je demanderai chaque jour la grâce
de la persévérance finale.*

Pour me sauver, il faut que je persévère
dans la foi, dans l'espérance et dans la charité;
il faut qu'à l'heure de ma mort je sois en état
de grâce, dans l'amitié de Dieu : « Celui qui
persévèrera jusqu'à la fin, celui-là sera sauvé »
a dit le Sauveur du monde (1).

Pour persévérer jusqu'à la fin, un secours
spécial de Dieu m'est nécessaire. Ce secours
spécial ne m'étant pas dû, je dois le demander
humblement. En le demandant, je l'obtiendrai
certainement de mon Père céleste qui m'aime
et veut mon salut. Je le demande chaque fois

(1) Matth., xxiv, 13

que je récite l'Oraison dominicale. Je le demanderai chaque jour, je le demanderai par l'entremise de la sainte Vierge, qui est ma bonne Mère et qui est la dispensatrice des grâces divines. O mon Dieu, affermissez-moi dans la volonté où je suis de vous obéir toute ma vie, ne permettez-pas que je devienne esclave du vice, tenez-moi toujours dans l'humilité et la charité; délivrez-moi de tout danger. Faites, ô mon Dieu, que portant votre joug, qui est doux, je vive et meure dans votre amour.

Prière à la sante Vierge. Le Sub tuum
en français.

« Nous nous réfugions sous votre protection, sainte Mère de Dieu; ne refusez pas d'accueillir les prières que nous vous adressons dans nos nécessités; mais délivrez-nous toujours de tous les péchés, ô Vierge glorieuse et bénie! »

Autre prière à la sainte Vierge. Le Salve Regina en français.

« Salut, ô Reine Mère de miséricorde. Salut, notre vie, notre douceur, notre espérance. Nous crions vers vous, pauvres enfants d'Eve exilés. Nous soupirons vers vous, gémissant et pleurant dans cette vallée de larmes. De grâce, notre avocate, tournez vers nous vos yeux si miséricordieux, et après cet exil, montrez-nous, Jésus, le fruit béni de vos entrailles : O clémente, ô pieuse, ô douce Vierge Marie !

Petit bouquet de Persévérance composé de paroles du Sauveur et de ses apôtres.

Demandez et il vous sera donné ; cherchez et vous trouverez ; frappez et l'on vous ouvrira (1). »

« Veillez et priez afin que vous n'entriez point en tentation (2). »

« Efforcez-vous d'entrer par la porte étroite ; car beaucoup, je vous le dis, chercheront à entrer et ne

(1) Luc, xi- 9.
(2) Matth., xxxi-41.

le pourront pas (1). » (*Ils désireront d'être sauvés; mais faute d'en prendre les moyens, ils ne se sauveront pas.*

« Tenez-vous prêts, parce qu'à l'heure que vous ne pensez pas, le Fils de l'Homme viendra (2).

« Nous vous exhortons à ne pas recevoir en vain la grâce de Dieu (3). »

« C'est pourquoi, mes Frères, appliquez-vous davantage à rendre certaines, par vos bonnes œuvres, votre vocation et votre élection (4). »

Telles sont, ô mon Dieu, mes résolutions. Je les prends en vue de votre gloire et de mon salut. C'est vous, ô mon Père, souverain maître du ciel et de la terre, qui me les avez inspirées, aidez-moi, je vous en prie, à les accomplir constamment toute ma vie.

Je vous demande humblement cette grâce par mon Seigneur Jésus-Christ, votre Fils, qui vit et règne avec vous en l'unité du Saint-Esprit dans tous les siècles des siècles. Ainsi soit-il.

Louange à Dieu, à Marie, à saint François d'Assise et à tous les saints.

(1) Luc XIII-24.
(2) Luc XII-4.
(3) 2ème épître aux Corinthiens, VI-1.
(4) 2ème épître de saint Pierre, I-10.

TABLE DES MATIÈRES

———

Paris. — Imprimerie Téqui 92, rue de Vaugirard.

Paris. — Imp. Téqui, 92, rue de Vaugirard.

ON TROUVE A LA MÊME LIBRAIRIE

Capricieuse (la), Naufragés dans une île dé-
serte, par C. Sabatier de CASTRES, 2 volu-
mes in-12, 3e édition................... 5 » »

Ginévra, ou le Manoir de Grantley, par lady
FULLERTON, traduit par Léontine ROUSSEAU,
4e édition, 1 volume in-12................. 2 »

Chagrins d'une laide (les), par Oscar BER-
KAMP, traduit de l'allemand, par J. de Ro-
CHAY, 3e édition, 1 vol, in-12............. 1 » »

Fille du mandarin (la), par M. C. in-12... 1 50

famille (la) telle que Dieu l'a faite, par
l'abbé Eug. ROQUETTE, 2. vol. in-12....... 7 « »

Henri Planchat, fusillé sous la Commune en
1871, 6e édition, 1 vol. in-12............ 2 50

Histoire universelle (extrait de l') de Bos-
suet, imprimé par ordre de Louis XVI:
Classique avec dictionnaire et dates, 1 vol.
in-12... 2 » »

Le journal des Saints, contenant la vie du
saint du jour en forme de méditation, et
trois réflexions pieuses. Relié pleine toile.. 2 50

De la Terre au Ciel, par un Père de la Cie
de Jésus, in-32........................... » 35

Histoire merveilleuse d'une petite fille
de 6 ans, par l'abbé J. B. PARDIAC, in-32.. » 25

Conseils à ma fille, in-18................. » 50

Petites pages d'histoire (les), par le
Prince H. de VALORI, in-12............... 3

www.ingramcontent.com/pod-product-compliance
Ingram Content Group UK Ltd.
Pitfield, Milton Keynes, MK11 3LW, UK
UKHW021849070726
13613UKWH00001B/74